HIKIYOSE KOTODAMA RENSHUCHO
CHIISIZE

受け取り
許可が低い
と感じる人のための

引き寄せ
コトダマ
練習帖

ちいさいず

メンタルコーチ
MACO

表紙デザイン　小口翔平（tobufune）
ブックデザイン　小口翔平（tobufune）＋小田光美
装画・本文イラスト　matsu

購入特典

MACO特別講座

風の時代の
コトダマと自己実現

20分

この講座は、
本書を購入していただいた方のために
ご用意した音声（動画ファイル）です。
下記のコードから、ダウンロードして再生してください。
本書を読む前に聴いていただいても、
読んだ後に聴いていただいても、どちらでもかまいません。

本心を採用し、自分の真の言葉
（MAKOTOBA）を使って、
どんどん引き寄せましょう

「練習」ページや「ワーク」ページでは、
同様に音声（動画ファイル）をダウンロードできる
コードが掲載されています。
音声を聴きながら「練習」や「ワーク」を実践すると、
さらに大きな効果が期待できます。

［ 注意書き ］ このファイルは、音声の聴ける動画ファイルです。
ダウンロードは、Wi-Fi環境下で行うことを推奨いたします。

はじめに

こんにちは。私はメンタルコーチのＭＡＣＯと言います。書籍やブログ、講演などを通じ、自分の本心に沿った生き方をすることで人生をより良いものにする意識や行動の在り方についてお伝えする仕事をしております。

この本は２０１９年に出版された書籍の文庫版です。今回新しく「ちいさいず」と、可愛い名前をつけてもらい、アフターコロナの新時代に文庫になって帰ってきました。単行本で出版したときは、「なかなか願いが叶わない」とおっしゃる方に共通するお悩みである、欲しいものを受け取れないと思ってしまう意識や思考、この「受け取り許可の低さ」を、言葉をうまく使うことで解決して、願いをどんどん叶えてほしいと思って執筆しました。

私たちが普段使っている言葉には話す言葉、書く言葉、脳内で一人つぶやく言葉などいろいろあります。どんな状況で言葉を使うとしても、私たちが「そう思っ

て」使っている言葉には「想いのエネルギー」が乗っています。たとえば、「いつもお金がない」となんとなく口にするとき、自分の内側にある「(それが) ない」というエネルギーを言葉に乗せて外側に放ち、波動的にはそのパワーを増長させていることになっています。これはほぼ無意識に行われているため、「ない」のエネルギーを繰り返し使い続けていることには気づけていません。

新型コロナが起きて世界はいろいろな面で大きく変わりだしました。人の内面的変化では、自分の本心の選択で生きることを意識する人が増えていると思います。今は西洋占星術では風の時代と呼ばれ、思ったことや自分の出したエネルギーが現象化するスピードがとても加速するという特徴があります。自分が毎日無意識に使っている言葉には、より注意したほうがいいのです。あなたがもし、「何をやってもうまくいかない」と毎日言い続けていたら、その言葉はこれまで以上にスピードアップして現実化しやすい時代になったのです。思ったことが現象化しやすい時代なのであれば、むしろそれを逆手に取ってしまいましょう。方法は簡単です。

あなたの日々使っている言葉のエネルギーに注意することと、いつも無意識に発している言葉を変えていくこと。それだけです。

今回単行本のときの本文はそのままに、今の時代に合わせた内容を加筆してお届けしました。

現代社会のさまざまな場面、個人の世界においても、これまでの古い形が壊れてまったく新しいものに生まれ変わる「破壊と再生」の現象がスピードアップして起き続けています。この現象はまだしばらく続くでしょう。それくらい私たちは今自分の中の意識改革（次元上昇）をし続けていて、それはやがて全体（世界、宇宙）の人類の集合的な意識の変革にもつながっていくでしょう。古いものが壊れるのは悪いことが起きているのではなく、ようやく一人一人が、自分らしく生きていいんだ、誰かと比べなくても自分は自分で価値があるんだ、と無意識レベルで気づき始めたために、良い意味での自己崩壊と再生が始まったということなのです。あなたの言葉が今まで自己否定的だったり、自責的だったりしたのならば、これから自己受容的、自愛的な言葉に変えていきましょう。「そう思って」その言葉を使い続けると、言葉があなたの現実をこれまでと真逆くらいに変えていきます。

最初この本を単行本で出版したときは、「願いがなかなか叶わない」とおっしゃる方の共通したお悩み、「受け取り許可の低さ」を解決するための言葉を使った方法を、いろいろとご紹介しました。たくさんの方々が、本当はもっと豊かさや幸せな現実を手にしたいにもかかわらず「こんな現実を私が受け取っていいのだろうか」とか「私なんかが叶えていいんだろうか」と思ってしまうとのことだったのです。「受け取り許可」とは、言い換えると「望んだものを望んだ形で自己実現していい」と自分で自分を認めることです。ちょっとしたコツを知れば、これは言葉で変えていくことが可能なのです。

人は何かを達成したり素晴らしい結果を残すために、生まれているのではありません。そういう体験もいいよね、というだけ。本当は生まれてここに存在しているだけで、すでに役目もまっとうしているし、素晴らしい結果も残しています。なぜなら、誰しも自分の存在自体に価値があるからです。試しに「私はここにいるだけで価値がある」と脳内でつぶやいてみてください（私はよくブログで「いるだけ星人バンザイ」と書いてます）。「私はここにいるだけで価値があるんだ！」と思って、この言葉を使います。これがあなたの「コトダマ」となります。これからの新しい地球で生きていくにあたり、こんな言葉を知っておいたらいいよ、こんな言葉に自分の人生を味方してもらおうよ！というアイデアを新しく盛り込みました。

章の最後には、「ＭＡＣＯＴＯＢＡ」というまとめの文を、パワフルな意識エネルギーを込めてお伝えしています（文庫になり内容が増え、バージョンアップしていますので、どんどん使ってくださいね）。これは私の言葉、つまり「ＭＡＣＯの言葉（マコノコトバ＝マコトバ）」であると同時に、コトダマつまり、心の真実の声を文字に託した「真言葉（シンノコトバ＝マコトバ）」でもあります。巻末には、今回もそのまま使ったりアレンジして日常に使えるＭＡＣＯＴＯＢＡ例文集をつけております。また付録の音声ではＭＡＣＯＴＯＢＡを私が朗読していますので、よかったら日々のコトダマ実践にお使いください。

ＭＡＣＯ

もくじ

第2章 なぜ書くことで願いは叶いやすくなるのか？ 書いて引き寄せるための基本を習得しよう

第3章 魂の宿らない波動では願い事は叶わない 本物のコトダマを使いこなそう

第4章 本物のアファメーションを書いて幸せを引き寄せよう

第5章 「書いて叶える！」にまつわるQ&A

本書は、2019年刊行の書籍『受け取り許可が低いと感じる人のための引き寄せコトダマ練習帖』に加筆・修正を行った作品です。

第1章

なぜ受け取り許可を高める必要があるのか？願いが叶う仕組みを理解しよう

ここでは、本書のテーマである受け取り許可と引き寄せの仕組みについて解説します。
基本的な内容ですが、大事なことばかりです。
しっかりと頭の中に入れてくださいね。

あなたの人生を決めるのはあなたの意識

この本は「書くことで引き寄せ力を高めましょう」という趣旨の本ですが、一番最初に押さえておきたい大切なことをまずお伝えします。

それは、

あなたの意識が世界を決める

ということです。

つまり、**「もっとよくありたい」と思う意識が願いを湧き上がらせ、そこから具体的に「どんな行動をしていくか」と思考し始め、人生が決まる**のです。

それとこの本には、皆さんに「書いて」いただく箇所が多数あります。ですが「ただ書いたら願いが叶う」わけではありません。

書くという作業を通して、叶った世界に意識を合わせ、内側から改革をしていくのです。

つまり、あなたの**「こうなる！」という意識のエネルギーが、あなたの行動に影響して現実が変わる**のです。

「こうなりたい」「こうありたい」と自分の体に命を吹き込む意識以上に、私たちの人生にパワーを与えるものはありません。

「自分のことは自分の力で変えられるのだ」という思いで、どうか本書を読み進めてください。そういう意識の使い方になってくると、望んだものがどんどん入ってくるようになるのです。

動いているところにエネルギーは流れる。これは物理の大原則です。意識のあるところに道はある。このことをくれぐれもお忘れなく。

なぜ自分で自分に受け取り許可を下ろす必要があるの？

この本のタイトルに「受け取り許可が低い」とありますが、そもそも「受け取り許可が高い・低いとは？」という部分についてお話ししたいと思います。

私が22年にわたる公務員生活を辞め、今の仕事に就いてから、すでに10年の月日がたち、その間に何万人もの方に講演会などでお会いし、書籍も数多く出版させていただいてきました。おかげさまでブログも毎日多くの方が読んでくださっていますが、皆さんからお寄せいただく悩みの中で前々から特徴的だと感じていたことの一つに、

受け取り許可が低いことで悩む方が多い

というのがありました。

受け取り許可が低いとは、「こうしたい、こうなりたい」という願いがあり、真剣に願ってもいるはずなのに、

それを受け取っていいと心底思えていない

という状態にあることです。

これは表現を変えると、「欲しいけど、欲しくない」と言っているような状態です。車のアクセルとブレーキを交互に踏んでいるような、進んでは止まり、また進んでは止まっている状態です。

この世界には、エネルギーの法則というものが働いています。これが一般的に「引き寄せの法則」とも言われるものです。そして、この世界にあるものはすべてエネルギーでできており、その最小単位を素粒子と呼んでいます。素粒子は固有の振動数を持っていて、それを波動と言います。

エネルギーとは要するにこの波動のことなのですが、特徴的な法則を持ちます。

それは、

似たような波動は引き合う

という特徴です。

これを引き寄せの法則と呼んだりしているわけです。私たちの肉体も波動なら、心の状

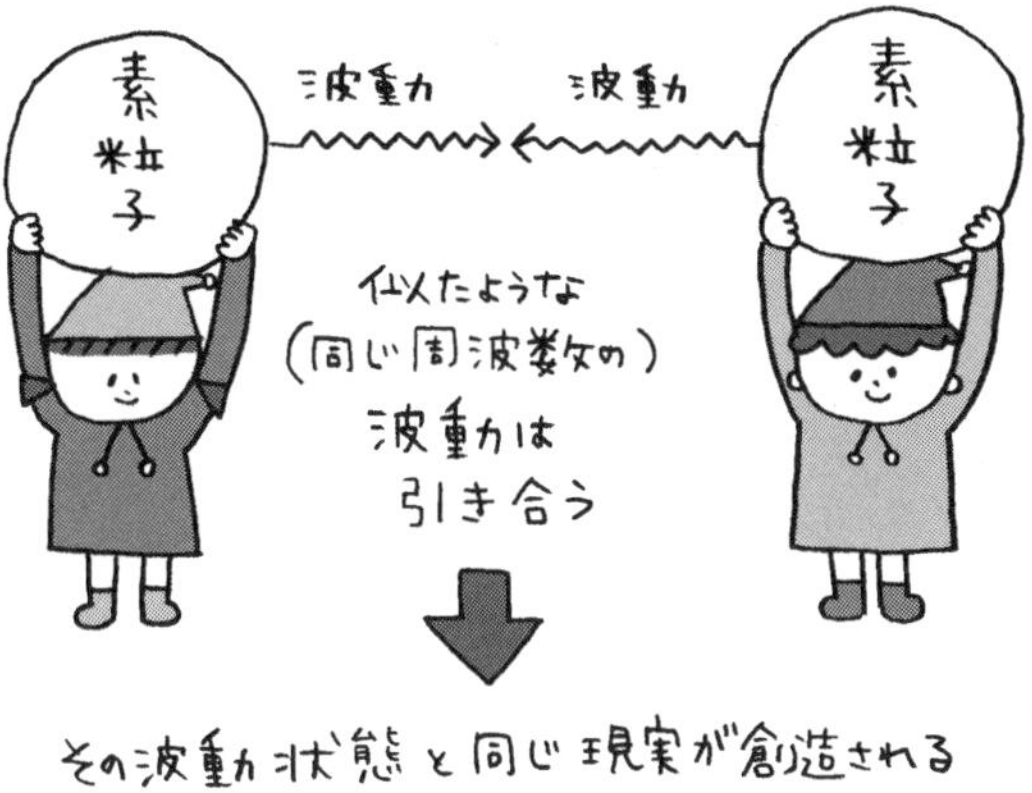

態も波動なのです。目に見える、見えないにかかわらずすべてのものに波動があり、似たもの同士が引き合っていて、**自分の心の波動状態から起こす行動のエネルギーに合った現実創造が起きている**のです。

受け取り許可が低い人というのは、ちゃんと願ってはいるけど、引き寄せを起こしづらくなっています。というのも、願うことでいったんはイキイキした気持ちになり、願いが叶った波動に合っているのに、すぐまた「私なんて受け取れない」という気持ちに戻り、叶った波動からまたずれてしまうことを延々と繰り返しているからです。

だからこそ「私は望んだものを遠慮なく受け取っていい！」という受け取り許可を、しっかり自分の心に下ろすことは、自己実現していくときに、とても大事なことなのです。

受け取りの許可ができていないと、どれだけ願ってもすぐにまた「受け取れないときの波動」に戻ってしまいます。その心の状態のまま行動をしても、受け取れない波動が出ているから成就に結びつかないのです。自分で

受け取れないと思ってるものは受け取れない
受け取っていいと思ってるものはやってくる

とてもシンプルな仕組みで動くのがエネルギーの法則なのです。

すがすがしく「私は願った現実をもらっていい！」と言えるように、これからどんどん自己改革してみましょう。やりすぎなんてことはありません。**逆に、どんどん高めて慣れていく必要がある**のです。

受け取り許可を高めないとならない重要な理由は2つ

「欲しい現実を受け取っていい！」と自分に許可する「受け取り許可」を高めないとならない理由は大きくつあります。このつはとても大切なことなので最初にぜひしっかり押さえて、頭の中に入れておいてください。

1つ目の理由は、

願ったものを（ディスカウントなく）
願ったレベルで実現させるため

です。

先に「受け取れないと思っているものはやってこない」という単刀直入な話を書きましたが、「こうなりたい！」「これを自分の世界に現実化させたい」と思っていることを「もらっていい！」と、**どんどん許可を高めておかないと、自分が本当に願っていることが実現しにくくなる**からです。

また、受け取り許可を高めると、いきなりラッキーなことが起きても、抵抗感なく受け取れるので、棚からぼた餅的なことも引き寄せやすくなるのです。

そして、2つ目の理由。それは、

せっかく引き寄せた現実を
手放さなくていいようにするため

です。

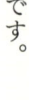

ここはあまり意識されないポイントなのですが、どちらかというとこちらのほうが重要なのではないかと、私は考えています。

たとえば、願いが叶って理想の（それ以上の！）パートナーを引き寄せたとします。しかし、付き合い始めてしばらくすると「本当にこのままずっと仲良くいられるかしら？」「他の人に気が向かないかしら？」「私をずっと好きでいてくれるかしら？」などといろんな不安や心配が出てくるようになります。

これは過去の経験などから起きてくる感情ですが、こういう感情が出てきても「受け取り許可」がきちんと下ろせていれば、その幸せなパートナーシップは一生続いていくでしょう。

せっかく引き寄せたのに、受け取り許可が不十分なために、手放す結果になってはあまりにももったいない。**大事なものがやってきてくれたら二度と手放さないように、最初の段階でしっかり「受け取り許可」を下ろしきってしまいましょう！**

自己否定や罪悪感があると受け取れなくなる

では、どうして受け取り許可はなかなか高まらないのでしょう？

私の講座の受講生があるとき、こんなことを言いました。

「ＭＡＣＯさん、私、『これを叶えたい！』という本心の願いがわかるようになりました。喜ぶべきことなんですが、でもすぐに『本当に受け取っていいんだろうか？』とか、『私なんかが……』という否定が出てきて、心底そうなっていいとは思いきれないんです」と。そして「なぜか、もらうことに意味なく遠慮してしまいます」と。


「意味なく遠慮？　誰に？」と私が聞き返すと、「あれ　誰にでしょうね？（笑）」と本人も苦笑いだったのですが、誰かに遠慮しているわけではないのに、願ったことを現実として受け取っていいと思えない。もしくは「私なんかが？」という疑問がどこからか湧いてくるようです。

あなたが幸せになりたいと、願ったことを叶えてはいけない理由など、まったく存在していません。受け取ることを意味なく遠慮してしまうのは、ただ「自分がそれを叶えていい」「欲しい現実を受け取っていい」と許可を与えていないだけ。許可を与えていないから、それがマインドブロックになってしまって、先に進めなくなっているのです。

つまり、受け取ろうとしていないのは自分だったのです。

誰もあなたの願いや夢を邪魔してはいない。

これが真実なのです。

受け取り許可が高まらない理由は、大きく2つあります。一つは自己否定や罪悪感、もう一つは受け取ることへの恐れです。

まずは自己否定や罪悪感について。「私は受け取る価値がない」という自己否定が心にあると、欲しい現実を受け取ることができません。「そうなってはいけない」と罪悪感を持っている場合も同様です。

「私なんかが？」という思いは、自己否定があると出てきます。「私は願ったことを現実のものとして受け取るに値しない」と心のどこかで思っているので、頭で思うだけでなく、そういう言葉が口からも出てきてしまうのです。

心当たりがあると感じている方もいらっしゃるかもしれませんが、自己否定や罪悪感による遠慮は「心のクセ」みたいなものです。ですが「このクセを受け入れる」という新しいクセに変えていけば、受け取り許可は必ず高めることができます。

実は受け取ることが怖い？

次に、受け取り許可が高まらないもう一つの理由・受け取ることへの恐れについて、説明しましょう。

「願いが叶わないのは、そこにあなたがメリットを感じているからよ」

これは私が昔、潜在意識について学んでいるときに言われた言葉です。

「なぬ！　こっちは叶えたいと思っているのに、叶っていないことにメリットがあるとは意味がわからない！」と思ったものです。

このチグハグな状況を分析してみると「自分の顕在意識と潜在意識の声が違う」という結論に行き着きます。

つまり、**頭（顕在意識）でいくら「欲しい」「叶える」と思っていても、心の深いところ（潜在意識）でそれを望んでいなかったり「受け取るのが怖い」という思いがあると、思っていることとは違う現実が起きてしまう**ということなのです。

具体的には、

- **叶わないことで自分を守ることができている（恐れの回避）**
- **現状を変えないことでとりあえず安心していられる（安心感）**

これがメリットです。

デメリットはもちろん、

・欲しいと設定している願いが叶わない

ということ。

「欲しい現実を受け取るのが実は怖い」
「手に入れた現実が変化したり、なくなってしまうことが心配」

当時の私もそうでしたが、願いが叶う状況にあるのに、こんなふうに考えてしまう人って、けっこう多いんです。

とはいえ、この恐れを取り除くことも難しいことではありません。受け取ることに恐れを感じている場合は、

私はたった今から変わる！
受け取れる私になる！

と宣言すればいいのです。

紙に意識をしっかり乗せて書いて、それを波動でつぶやいていけばいい。潜在意識に新しいパターンが刻まれるまで宣言あるのみです！

大丈夫だよー

練習

恐れを取り除こう

「絶対にそうなるんだ！」という意識を乗せて書き、書いた後はつぶやくように宣言してください。

■「私はたった今から変わる！」と
書いてください

■「受け取れる私になる」と
書いてください

私の声を聴きながら
やりたい方は、
こちらからファイルを
ダウンロードしてください

また、変わらないことで安心感を得ていると感じている場合は、それを紙に書き出してみることで見えてくることがあります。

たとえば、

・**願い↓**好きな人と結ばれたい。友達関係から恋愛関係になりたい

・**今の状況↓**好きな人がいるが友達の関係

・**変わらないことでのメリット↓**告白してフラれたりして、会いにくくなるよりは友人として付き合うほうが楽で安心

・**変わらないことでのデメリット↓**恋人になれない

こうやって書き出してみると、自分の胸の内をしっかり把握することができます。肩肘を張る必要はありません。感覚に従ってやってみてください。今までモヤモヤしていた感情が、ちゃんと整理されて見えてくるはずです。

ネガティブな感情は何も悪くない

心理学で言う人間の基本感情は、「喜び」「悲しみ」「恐れ」「怒り」の4つです。
この中で「喜び」だけがポジティブで、ほかの3つはネガティブな感情ですね。
では、生きていく上で、願いを叶えていく上で、ほかの3つの感情が必要ないかと言われれば、それは「NO!」なのです。

人は怒りを感じないと、自分にとって大切なものがわからなくなるし、人は恐れを感じないと、危険を避けることができなくなったりします。ポジティブ、ネガティブどちらの感情にも大切な役割があるのですよね。

結局のところ、

どんな感情も不要なものはなく、悪でもない

のです。自分の本心を教えてくれたり、時には本心を守って、今は現実が動かないようにしてくれたりするのです。

話を戻すと、もしあなたが意中の人と恋愛関係になることを恐れているとしたら、そのときは、まず自分の感情に聞いてみるのです。

「私は何が怖いの？」

↓

「私は今、どうなることを選びたいの？」

↓

「私が今、できることは何なの？」

こうすることで、今の現状を越えて次のステージにステップアップする方法が見えてきます。引き寄せるための方法が見えてくるのです。

潜在意識への指令は忠実に働いています。ただ、指令を変えるのは自分でできます。ポイントは、感情の整理です。ちょっと練習してみましょう。

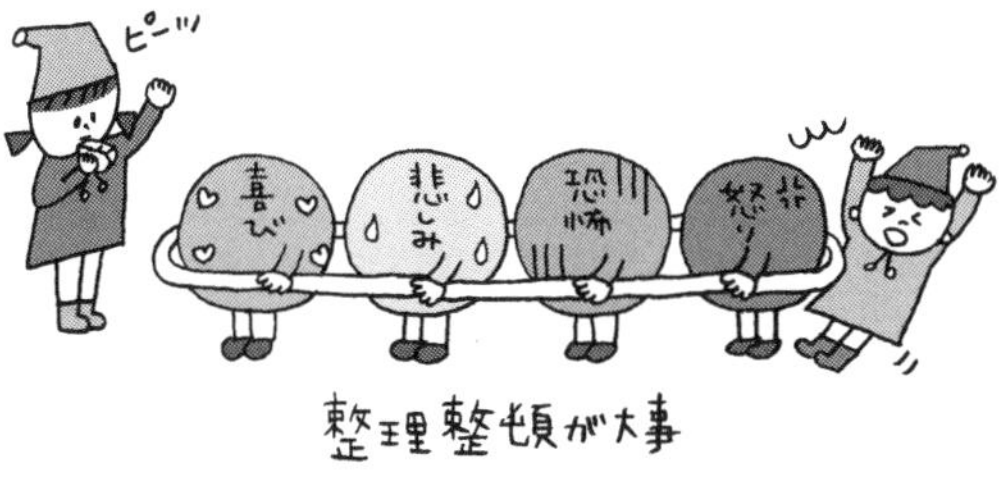

練習

感情を整理してみよう

まず①を書き、
自分に問いかける形で②〜④を書いてみてください。

❶願い

今の状況

変わらないことでのメリット

変わらないことでのデメリット

私の声を聴きながら
やりたい方は、
こちらからファイルを
ダウンロードしてください

❷心の奥に隠れている恐れ

❸どうなることを選びたいのか

❹今できること

あなたの人生における究極のミッションとは？

さて、受け取り許可を高めて、どんどん自己実現して幸せになるために、さらに大事なポイントをここでお伝えします。「なかなか実践的な話に進まないね？」とは言わないでくださいね（それは後ほどしっかりお伝えします。その前に絶対に知っておいてほしいことがあるのです）。

それは、あなたにはこの世界に生まれたと同時に背負っている使命（ミッション）があるのだということです。

生まれながらに背負っているなんて言われたら怖いですね（笑）。でも背負っているくらいに思ってほしいことなんです。その使命とは、

幸せに生きること

今より楽しい体験をして喜びで過ごすこと

なんです。

「これが使命？」と言われそうですが、そうなのです。しかもそれだけしかないのです。以下、詳しく解説しますのでお付き合いくださいね。

この三次元を創った大いなる宇宙（神と呼んでも同じだと私は解釈しています）の意図は一つだけなんですね。それが、

全体が幸せに向かっていく

ということ。

全体というのは、日本全体、世界全体、宇宙全体ということで、結局すべてのものということになりますが、**みんながともに幸せになる方向に向かうように、宇宙は進化発展のサポートをします。**みんなの周りで、宇宙は成り立っているからです。世界では混沌とした状況があったりしますが、そういうプロセスを経て、やはり良くなっていく方向へサポートしようとしています（なので時々個人レベルでも破壊のような現象が起きることがありますが、新しいものが出てくるときに起きる現象と思ってください）。

そして、その宇宙全体を構成しているのって、実は私たち一人一人ですよね？
誰一人として宇宙から外れて存在している人はおらず、みんなこの宇宙の中に「すっぽり」入って生きています。だから私たちは**宇宙の子と言ってもいいくらい、宇宙という親に守られています。**「幸せになってね」といつも想われています。

三次元に生まれたということは、

あなたがた一人一人が幸せになることで
宇宙全体も幸せにしてね

という使命を背負ったということ。
この世に生を受けるとは、こういうことなのです。もっと言えば、私たちがもっと良くあるために「何かを叶えたい！」という願いを持つのは本能みたいなものなのです。

だから、願ったことが叶いそうなときに「こんなにもらっていいんだろうか」とか「こんなに愛されて大丈夫なんだろうか」などと、幸せを拒絶することは、実は

宇宙に背を向けているのと同じことなんです。

つまり、もしちょっとでも思い当たる節がある方は、

なんてもったいないことをしてきたんだ！

と、今気づいてほしいのです。

ただただシンプルに、あなたが自己実現すること、

願いを叶えて幸せになることが
宇宙の意図とぴったり合う状態

だと理解できるようになれば、するすると現実が動いていくのです。

一個人の波動は宇宙全体の波動に影響する

ここでもう一度、波動の話をします。この世界は全部波動でできていて、

波動状態が現実を決める

という話を先にしましたが、あなたという一つの波動は確実に、宇宙全体の波動に影響を及ぼします。

「私なんて……」とすぐ口から出てしまう人は、「宇宙から見れば、私の存在なんてちっぽけ。そもそも宇宙に気づかれてもいないんじゃないか」などと思っているかもしれませんが、それは大きな間違いです。**一人一人の波動は、宇宙全体から見れば確かに小さな小さな波動かもしれませんが、その波動が合わさって全体の波動を構成している**わけです。

たった1ですが、されど1。いくつもの1が「私なんて……」と言い出したら、その波動が決して見過ごせないものになるのはわかりますよね。

だから**宇宙全体が幸せになるにはまず、私たち一人一人が幸せを感じて生きることがとても重要**なのです。そのために生まれながらに宇宙から与えられたミッションが、私たち一人一人が自分の思う形の喜びを感じて生きること、願ったことをど

んどん叶えて楽しく生きることになっているのです。

もしあなたが「今の私はかわいそう」とか「私はダメ」と否定していると、宇宙全体の波動を下げるお手伝いをしてしまうことになります。

そういう意味で日々、自分のエネルギーに責任を持って生きることはとても大事なことなのです。シンプルに

自分の幸せ＝宇宙全体の幸せ

そう思って、生きてください。これであなたが「絶対に幸せにならないといけないんだ」という理由はわかっていただけたと思います。

第1章は、これで終了です。最後に、受け取り許可を簡単に高められるワークをご紹介するので、ぜひやってみてください。

受け取り許可を高めるワーク

このワークの効果を高めるポイントは「脱力していること」です。なので、お風呂や就寝前など、体の力が抜けて緩んでいるときにやってみてください。

他のタイミングでやるときも、できるだけ体の力が抜きやすい状態（お風呂や布団の中）でやってみてください。

私の声を聴きながら
やりたい方は、
こちらからファイルを
ダウンロードしてください

❶ 布団に寝転び2、3回深呼吸をします。呼吸に意識を向けて深く吸って、その反動で自然に吐く、を繰り返しましょう。これだけでさらに体の力が緩まります。

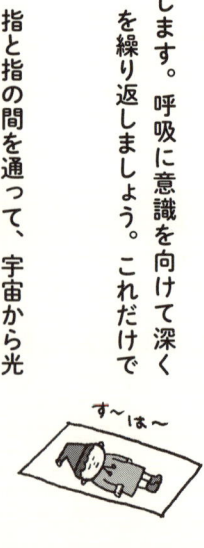

❷ 両手を真っすぐ上に伸ばします。指と指の間を通って、宇宙から光が降りてくるイメージをします。両手の間から、体の中に一本の光

の柱を通すイメージです。自分の体に光の軸が通る感覚を意識してください。このとき、体が温かく感じる人もいるかもしれません。

③

その光が体内に広がる感覚を感じたら、脳内で（声に出してもＯＫ）
「私は欲しいものを欲しい形で受け取っていい」
「私が幸せになると宇宙も幸せになる」
と１回つぶやいてみます。

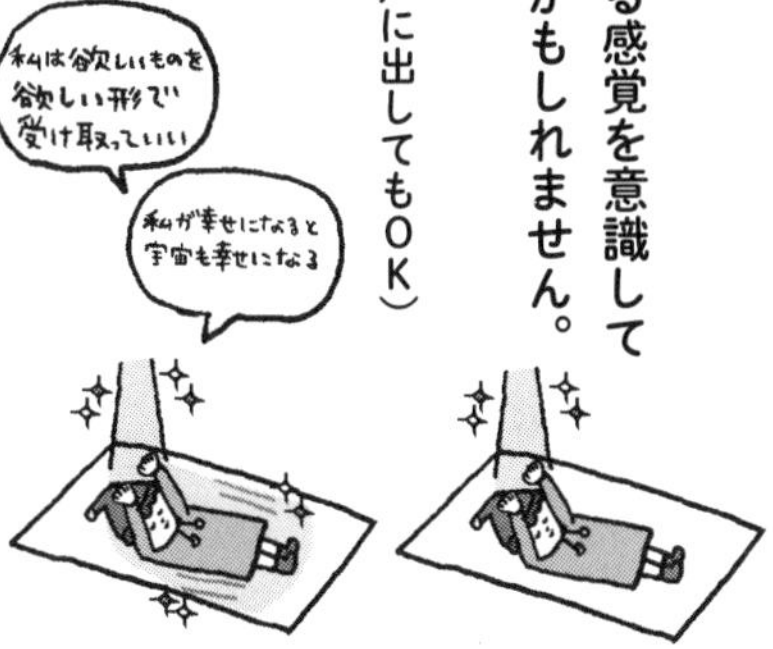
私は欲しいものを欲しい形で受け取っていい
私が幸せになると宇宙も幸せになる

これでおしまいです。

１分もあればできてしまうワークです。光の視覚イメージや温かさの感覚を感じているのが心地よければ、しばらく感じ尽くしてみてください。

毎日できなくてもかまいません。ですが、受け取り許可の低さは、あなたの引き寄せ力を下げてしまうサビみたいなものです。どんな方でも時間がたつと、多かれ少なかれこびりついてしまうものです。なので、「今日は体が疲れたな」というときだけでもじっくり意識を傾けてやってみてください。

MACOの言葉

MACOTOBA

願った形で叶わなければ、
真の引き寄せとは言えない。それを叶えるのが、
受け取り許可。しっかり下ろしておけば、
引き寄せたものを手放さなくていいようになる

私たちの生まれながらのミッションは、
幸せに生きること。
個人がそれぞれ望む所で幸せになれば、
宇宙全体もどんどん栄えていく

みんなの「巡り」で宇宙は成り立っている。
一人一人の波動はすごい影響力を持っている

自分の感情に善悪をつけるのはもうおしまい。
どちらも重要な役割がある

第2章

なぜ書くことで願いは叶いやすくなるのか？書いて引き寄せるための基本を習得しよう

ここでは、なぜ「書く」必要があるのかを
順を追って解説していきます。
決してアナログが好きなわけではありません。
そこにはちゃんとした理由があるのです。

脳から見た「書いて引き寄せる」

私たちは一日に、5万回から10万回くらいの、いろいろな思考を頭の中で巡らせていると言います。「朝起きてから寝るまでにそんなにものを考えてるの!?」と思うかもしれませんが、そうなのです。

意識的に捉えている（＝自覚がある）か、そうでないかの違いがあるだけで、相当な回数の思考をしています。これは言い換えると、

いつも何かにフォーカス（意識）を向けて過ごしている

ということです。

朝起きたら、「朝ごはん何食べようかな～」で思考1回。「あ、先にコーヒー淹れよう」で2回。「今日服は何着ようかな?」で3回というふうにあっという間に思考の数は増えていきます。このように私たちは、一日じゅう何かを思考しながら生

きているのです。

たとえば、私は以前ヨガを習っていたのですが、レッスンでは最後に瞑想のようなものをします。床に寝転がり脱力し、先生の誘導の言葉で思考を静め、できるだけ無の状態に入って体の感覚だけを感じていくのですが、その時、半分リラックスして眠くなりながらも、頭の中だけはいろいろ思考してると気づいたのです。

瞑想中なのに、頭の中がワチャワチャと。それこそ「帰ったら何食べようかしら」とか「あ、明日の仕事の段取りしとかなきゃ！」とか……。

しかし、これは私だけではないと思います。**人はいつも何かにフォーカス（意識）を向けて、何かを思考しており、それはもう本当にノンストップ**なのです。ちょっと言い方は悪いですが、脳内にいつもいろんな思考が散らかっているという状態で過ごしている方がほとんどなのです。

前置きが長くなりましたが、こういった状態、つまり、**とっ散らかった思考や、あまり考えなくていいことばかりを思考する脳のクセなどを修正していくのに、**

「書く」ことはとても効果的なのです。具体的に言うと、次のような効果があります。

【書くことの効果1】見えづらいものが見えるようになる（意識・思考の視覚化）

書くことの効果、その一つは「**見えない思考や意識を見える化できる**」ということです。前章でも少し触れましたが、いろんな思考があふれ続けて止まらない脳内を、書くという作業をすることで整理する。また、願いを叶えるためには、自分の本心から出た想いを願うことがとても大事なのですが、案外自分の本心が見えていないことが多いものです。

そこで、文字に起こして意識や思考を視覚化し、**「重要なこと」と「どうでもいいこと」を整理**するのです。

これで「**自分の本心が何なのか**」をはっきりさせることができます。

【書くことの効果2】フォーカス先を変えられる（願いが叶う波動がつくれる）

前章で「意識を向けたところにエネルギーが注がれる」ということを書きましたが、書き出すことで、

「どうでもいいこと」から「重要なこと」に、より強くフォーカスを向け直す

ことができるのです。

「願いが叶った（ときの）波動をつくれる」「その波動に自分が同調できる」という効果があり「願いを叶えるためにはどんな行動したらいいのだろう」という前向きな自分への質問が出てきたり、「これをやってみたい！」という意欲が出てきたりと、「願いが叶うこと」が最重要項目として脳が認識するようになります。

脳には脳幹網様体賦活系というフィルターシステムがあります。このフィルターには特徴があり、自分にとって重要な情報を優先的に識別するという働きをします。願い事を書き出すことで、このフィルターに

自分の願いを叶えることがとても大事だよ！

という働きかけができるので、普段からそれに必要な情報や行動に意識が優先的に向くようになるのです。

練習

思考を整理して フォーカス先を変えてみよう

自分の感覚に従って、書いてみてください。

❶「叶えたいこと」を思いつくまま
どんどん書き出してください。

❷「これはすぐ叶えたい？　どうしても叶えたい？」
と自分に聞きながら、この中で「今すぐでなくても
いいこと」に×をつけてください。

私の声を聴きながら
やりたい方は、
こちらからファイルを
ダウンロードしてください

❸「×をつけていない叶えたいこと（重要なこと）」を再度書いて、「私はこれを重要視し、叶えていくんだ」と意識をその書いた願いに向け直してください（この作業だけでも意識のセットアップがきちんとできます！）。

喜び・楽しみのエネルギーになった状態から書く

書き方に関して、MACO式のオススメというのはありますが、どれも絶対にやらないとダメだというわけではなく、**「自分に合うな」と感じるものだけをピックアップしてやってもらえれば大丈夫**です。

しかし、書くとき「これだけは押さえておいて！」という大事なポイントが一つだけあります。それは、

書くときの自分のエネルギー状態に注意して！

ということ。

願い事を書こうとするときは、ニュートラルな状態か、喜びや楽しみのエネルギーでノートや手帳に向かってください。もっと詳しく言うと、テンションがダダ下がっているときには書かないでください（喜びや楽しみのエネルギーとは、書くときの状態が生き生きしているとか、これから楽しい未知の世界を知る、湧き上がるような喜びを感じ

ている状態ということです）。

その宇宙へのオーダーとも言うべき、願い事を書くという行動は、宇宙と同じエネルギーになっていないと天に届きません。エネルギーは同じような波動同士でしか同調もせず（接点ができず）、引き合うこともないのです。

そもそも宇宙の波動というのはとてもすがすがしくパワフルで喜びにあふれているので、私たちもその喜びや、楽しみのエネルギーになっている状態で願いを書かないと、パーン！と勢いよく宇宙さんと同調できないのですね。

ネガティブ感情から願ってしまうときは感情受容をして書く

書くときのテンションだけでなく、書く内容もまた同じです。具体的には「うまくいってないから○○してください」とか「どうしてもこれでないと嫌だから叶えて！」とか「なんとか助けてー！」とかいった、恐れや執着、渇望感からスタートした願かけになってしまう場合は、書くのはちょっと待ってくださいね。

こういった場合は、

自分の現状は一切否定せず、今は今でよし

とあるがままの感情をまず押し込めず受容してください。

「そう思ってもよし、そう感じてもよし」としばらく繰り返して自分に声をかけているとだんだん落ち着いてきます（疑わないでやってみてください。必ず効果があります！）。その後落ち着いたら、さらに「もっと豊かになるぞ！」という意識に修正してから書いてください。**「マイナスからプラスにする」という意識ではなく「プラスを上乗せする」という意識がポイント**です！

私たちにはたくさんの豊かな感情が備わっています。喜びや楽しみといった感情だけでなく、ネガティブな感情もたくさんあります。でも実は、そのどちらもが同等に素晴らしいもの。どちらが良くてどちらが悪いと優劣をつける必要はないのです。陰陽どちらの感情からも私たちは教えてもらえることがあるから、両方の感情

を持っているのです。

しかし、

ネガティブが強く出てしまうときは

宇宙にすぐには届きにくい波動状態

ですから、ちょっとエネルギー修正が必要です。それが、この感情受容なのです。

「私はダメだからよくなりたい！」

という声が出てきて、そのまま紙に書きそうになったとしたら、

「『私はダメだ！』と否定してしまう自分がいるんだね。この感情、よく出てきてくれたね。ありがとう、もう卒業するからね」

と意識していきます。

このとき、エネルギーはプラスマイナスゼロのポイ

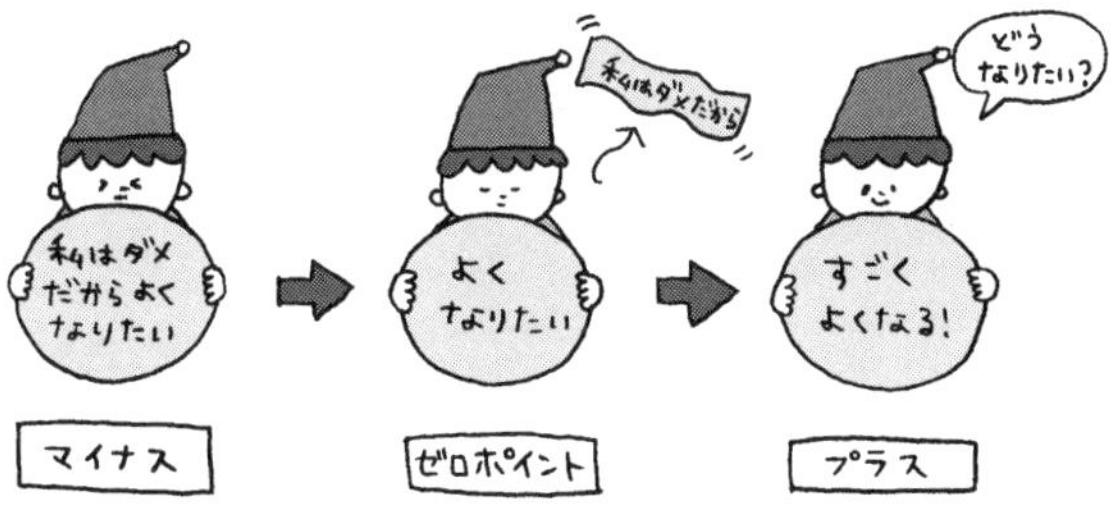

私はダメだからよくなりたい
マイナス
私はダメだから
よくなりたい
ゼロポイント
どう なりたい？
すごく よくなる！
プラス

ントにあります（否定を受容した時点でエネルギーが中立化し無害化します。また、ゼロポイントからスタートしたほうが一番パワフルに拡大します）。

受け入れることで、だんだん自己否定の感情が弱まってきたら、次は**「じゃ、どうなっていきたい？」**と自分に問いかけてみます。

その出てきた答えを、素直に紙に書いていきましょう。感情をしっかり認めてあげて、どうなりたいかを問いかけて出てきた答えは、素直な喜び、発展のエネルギーになっていきます。

「独り在る時間」をつくることで中立な自分を取り戻すことができる

自分と対話をしながら感情を書き出していく作業は、自分が自分に向き合う「独り（一人）在る」時間です。**私たちの内面進化や現実の発展に、この「独り在る」時間はとても大切**なのです。

一人でいると、いろんなものが心の中から湧いてきます。誰か人と一緒にいるときは、つい流してしまったり、抑えてしまう感情がふつふつと湧いてきたり、「これに気づいて！」と訴えてきたりします。そして「本当はこうしたかった……」「こうなりたかった……」という素直な願いも湧き上がってきやすくなります。

他者からのエネルギーが、物理的にまったく介入しない時間。素直に自分の感情を観察して「どうしたいのか」を感じられる時間。これが、「独り在る」という時間なのです。この時間を一日の中に（一週間の中でもいいので）つくって、たった一人の自分と向き合い、自分とどんどん仲良くなってください。

湧き出る思いを紙に書き出していくことで、どんどんニュートラル（中立）な自分を取り戻していけるようになります。最初は感覚があまりつかめなくても、じっと一人で向き合う時間が増えれば、少しずつわかってくると思います。

ニュートラルな自分というのは「素直な自分」という意味です。「こうしたらいいよ！」という誰かの影響を受けることもなければ、「これは無理よ」という誰かの制限がかかることもない状態です。本心から望むことを願ったり、正直な感情や思考を感じたりできていることがニュートラルな状態。そういった自分を取り戻すことができるのです。

それは嘘から出たコトバか？ 自分の真から出たコトバか？

願う言葉は本心のみで書きましょう。寸分のごまかしも妥協もなしです！

「なーんだ、そんなこと」と思う方もいらっしゃるかもしれません、でも、心底願ってることを、心底願った通りにさらっと書くことができる人ってそんなにいないんじゃないでしょうか。特に、受け取り許可が低いと「受け取っちゃいけない」という気持ちのほうが叶える意志より強いので、脳が算段を始めます。

「私は現状から考えるとこんな願いは恐れ多いけど、これくらいだったら受け取ってもいいかも」とか「これくらいだったら私にもできるかも」という適当な程度を自分で勝手に判断して制限してしまうのです。

この本心ではなく、嘘からの願いをやってる人、案外多いんです。

だからいかに「自分一人の時間に」「自分としっかり対話すること」が大事なのかということなのです。先に書いたように「独り在る」と、ネガティブ、ポジティブ両方の素直な感情やこうしたいという願いがどんどん湧いてきます。他者のエネルギーの介入がないところで自分に向き合っている時間というのは、とても「自分らしい時間」なのです。そして、

何の制限もないこの自分らしい時間にいるときはとてもいいエネルギー状態

になっています。そのエネルギーの状態で心に聞いて、書くのです。

叶えたい願いは「問い」をしてから書く習慣に

単に「ねえ、私どうしたい？」と聞いただけでは「本心ではない想いを拾う」場

合もあります。それくらい頭（脳）というのはいろいろ嘘がつけます。本心を偽った声を先に出すこともあるし、計算しながらこれがいいんじゃないかな、という声を出すこともあります。

私は今、自分の本質（自分らしさ、素直さ）にしっかりつながっている

と意識して、自分にゆっくりと問いかけをしてみましょう。このように問いかけをしてから出てくる感覚が素直な本心です。その素直な想いから「こうしたい、こうなる」という願いを紙に書いていくようにしましょう。

紙に願いを書くのは清書の段階というくらいでいいです。何よりも

自分の本心や素直な想いを拾い上げることが大切

なのです。

現状はこうだけど、それがあってもなくても「私はどうなりたい？」とか「どん

な感じのパートナーが現れると嬉しい？」とか、**何かを願うときには書く前に、まず一回深く呼吸をして流れ作業をしっかり止めてみます。**そして、「今から自分に問いかけるよ」としっかり意識してみてください。動きを止めてから静かに自分の心に聞いて、想いを拾うのです。

①自分に問いかけをする

↓

②紙に書き出す

この順番ならいつも自分の中心感覚とずれないでいられるし、制限のない正直な願いを書いて設定することができるようになります。

本心から望んだものが
一番エネルギーが強く叶いやすい
のです。

練習

本心から願い事を書いてみよう

「独り在る」時間に、やってみましょう。

❶願いにまつわるネガティブな感情を受容してみましょう。感じたまま全部書き出します。
（例）素敵なパートナーと出会いたいけど、年齢が気になってうまくいくと思えない
もし出会えても昔の恋愛のように別れてしまったらどうしよう

❷「私は自分の本質にいつもつながっている（います、いよう、語尾はなんでもOK）」と意識してしばらくその感覚を味わった後（時間を少し使ってただ感覚を感じてください）、「それでもこれからの人生でパートナーが必要？ いたほうが私は幸せ？ どういう現実をつくりたい？」と問いかけてください。

私の声を聴きながら
やりたい方は、
こちらからファイルを
ダウンロードしてください

❸浮かんできた願い事をそのままの言葉で書いてください

（綺麗な文章にしなくても大丈夫です。出てきた言葉そのままが一番素直なエネルギーなのでパワーを持ちます）。

叶えるための必要条件は「愛」です

書いて叶えるときに一番意識することは、すべて波動（エネルギー）とお伝えしていますが、**叶えるための必要条件を一つ挙げるとすれば、それは「愛」のエネルギー**です。「いきなり大きなスケールの話になってる！」と思わないでくださいね。

愛というのはいろんな形がありますよね。自分への愛、好きな人への愛、家族への愛、動物やモノへの愛、自然への愛、全体宇宙への愛……。

誰に（何に）対してであっても、愛のエネルギーというのはこの宇宙で一番パワーを持って働いていて、愛のエネルギーですべて拡大していきます。

というのも、

宇宙はそもそも全体愛のエネルギー

でできているからです。全体愛を拡大させるのが宇宙の意図。そのためには一人一人がそれぞれ幸せを感じて生きることで波動を上げていく必要があるのです。

だから、**私たち一人一人が幸せになることが持って生まれたミッション**なのです。

私たち全員に「楽しく幸せになって豊かに生きてね」というエネルギーを送ってくれようとしているのが宇宙という存在ですから、愛のエネルギーそのものとも言えます。

私は普段「宇宙は愛のエネルギーから発生したんだよ」と講座の受講生の皆さんに伝えていますが、すべてのベースになるエネルギーが愛なのです。超強力です。

「私は幸せになってはいけない」とか「私なんかはそこまで価値がない」と思ってしまうことは、愛ではありません。遠慮しているだけのようですが、宇宙から見たらまったく愛ではありません。

つまり、

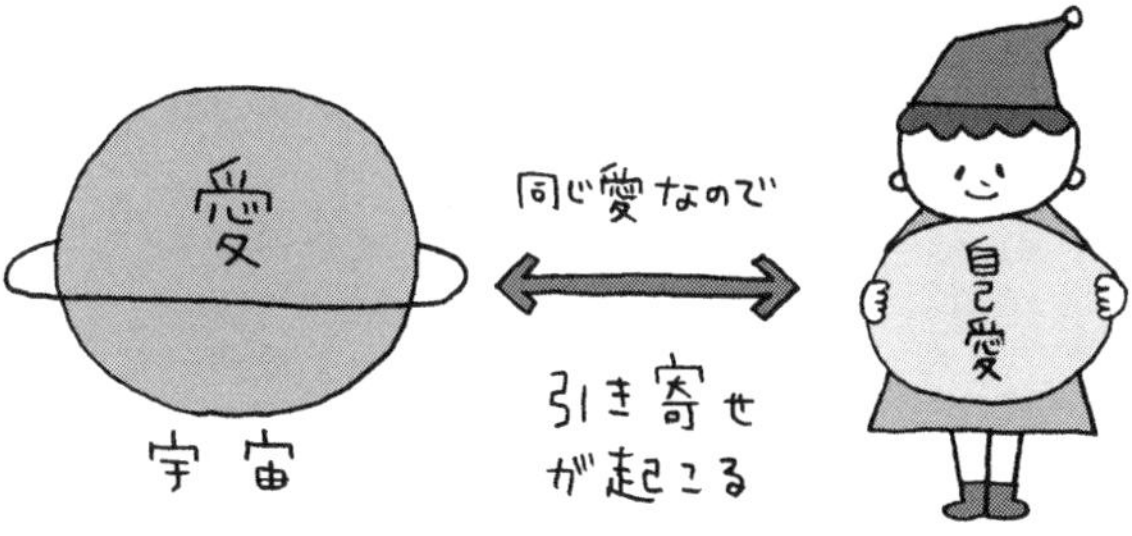

自己否定や受け取り拒否をしたままでは愛のエネルギーにはなってない

から、引き寄せが起こらないのです。

まずは、どんな自分も受け入れ（自分への愛）、宇宙からは常に愛が降り注いでいるんだということを、少しでもいいので「そうなのかな」と信じてみてくださいね。

書くことで自分を全部「出す」

自分を受け入れれば受け入れるほど私たちの現実はますます進化します。

そのために、まず自分を隠さず、押し込めず書き出すのです。

小さい頃は突拍子もない夢や、スケールの大きすぎる目標も素直に「こうしたい！」「将来こうなるの」と生き生きと周囲に伝えることができたのに、だんだん**大人になるにつれマイナスの概念が増えて「何をやっても難しいこの制限だらけの**

世界をどう生き抜くか」ということばかり考えるようになります。

エネルギーをのびのびと伸ばして使っていく方向ではなくて、萎縮し、小さく縮む方向へ使うことが増えてしまうんです。

自分の本心は抑えて隠し、顔にも出さないようにして笑っていたりするものだから、家に帰ると気疲れでそのままバタンと倒れ込んだり……そんな経験がありませんか？

とはいえ「言いたいことは何でもかんでも言いましょう」「感情はどんなものでも、どこにいても好き放題出しましょう」というのではありません。社会生活の基盤は、コミュニケーションです。ところかまわず好き放題言いたいことを口にしては、周りとの衝突が絶えませんよね。

コミュニケーション上伝えることが必要なことは、真心で伝えてみましょう。それもとても大事なこと。

そして、**自分に向き合って紙に書き出すときは素直に「嫌だった」とか「こうしたいのに今できていないのが辛い！」などの感情は隠さず出して、受け入れて、今**

後どうしていきたいのかをありのまま書いていきましょう。

カッコいいことを書く必要はありません。ネガティブもポジティブもどちらも素直に感情を出して受け取って、制限なく望む形で願いを記していきましょう。

想定外の願いもどんどん書いていく

自分の脳が、想定内と捉える願いしか書けないことが多いかもしれません。しかし、自分の持っている概念（脳の中にある「こうだ」と決めている定義）を超越した「想像もつかないけど」「イメージもできないけど」というような願いもどんどん書いていってください。

私たちはもともと「いろんな体験をしたい」という存在であり、だからこそ体を持って生まれています。しかし、体があることで三次元でしか存在できず、ある程度の物理制限がかかった中で生きていくことになっているのです。

意識は際限なく超越し、自由に設定できますが、24時間寝ないで動き回ることは

不可能だし、同じ時間にまったく違う場所に自分が2人現れて存在することも不可能です。三次元に生きているということは、何を体験するかをその都度選んでいるということでもあるのです。

だからこそ、自分の魂に持っている概念をポーンと覆すような「すごいお願い」もどんどん書いてもらいたいのです。「こんなのありえない」と感じる願いを、普通に当たり前に設定することによって、

脳内のいろんなマインドブロックを外す効果

があるからです。

「ありえないかもだけど、あっていいから設定してみる」という感じでしょうか。

願いだって、小さくまとめる必要はありません。もちろんむやみにスケールが大きければいいってものでもないですが、**制限を取っ払ってしまうことで、叶える力にかかる制限も払拭できてしまう**のです。

なので、1つか2つ（3つでも）くらいは「こんなすごいことあったら笑えるなー」

「めちゃめちゃ面白そう、想像できないけど」という感じの願い事を書いておくのもまたオススメです。

エネルギー（波動）で書いてその波動になる（同調する）

紙に書くことで、その願いが叶ったときの波動に一瞬ですが合わせることができます。どういうときに「叶った波動」になっているかというと、

「こうなる！」と決めたその瞬間

です。

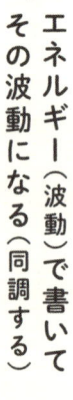

書くことができるもの、具体的にはノートや手帳などといったものは、エネルギーを集中させることができるツールです。ちょっと思い出してみてください。小学生の頃、理科の実験で太陽の光を集めるのに虫眼鏡を使ったことがありませんか？　あの実験は、虫眼鏡を通じて光を集中して集めると熱が生じる、というものでした。ちょうどこれと同じ効果があるのが「紙に書く」という作業なのです。

太陽の光を叶えるエネルギーだとすると、虫眼鏡はノートや手帳。こういった理由から、この本では「書く」という行動を取り入れているのです。

叶えることをしっかり心に決めて書けば、叶ったときの波動になりますが、長く持続はしません（まだ意識上だけのものだから）。だから、書いたことを見るたびにそこにエネルギーを集中させて、波動合わせを繰り返していくのです。自分で書いた内容をこうして、スペシャルなものにしていきましょう！

叶えたいことを書いたページを開くと叶った次元も同時にそこに開く

というくらいの意識で、そのページを見るのです（繰り返しますが行動は「どんな意識でしているか」が一番重要なポイントです）。または、書いた内容を声に出して読んだり、脳内でつぶやいてみたりします。

こういう行動をしているときは「叶った波動」になっていますから、楽しければ何回やってもいいし、楽しんでやるほうがもちろん効果は高くなります。

書くことで
自分自身のエネルギーを上げていく

紙に書くときは「手書き」をオススメします。なぜなら、**「手で書くこと（体で感じること）」で自分のエネルギーを上げていくことができる**からです。

私たちがもともと持っているエネルギーとか、生み出すエネルギーというのは「体を使う」ことでどんどん広がって拡大します。そうなった波動を意識することがスタートですが、実際、体をまったく使わずしてブレイクスルー（※1）やクオン

タムジャンプ（量子跳躍）（※2）は起こせないのです。

それと大事なのは「感覚」です。

手で書くことでたくさんの感覚を使い感じることができます。

それにより、体も進化して宇宙からのメッセージを受け取りやすくなるのです。

この本に皆さんに書いていただく箇所が多いのは、それが理由なのです。

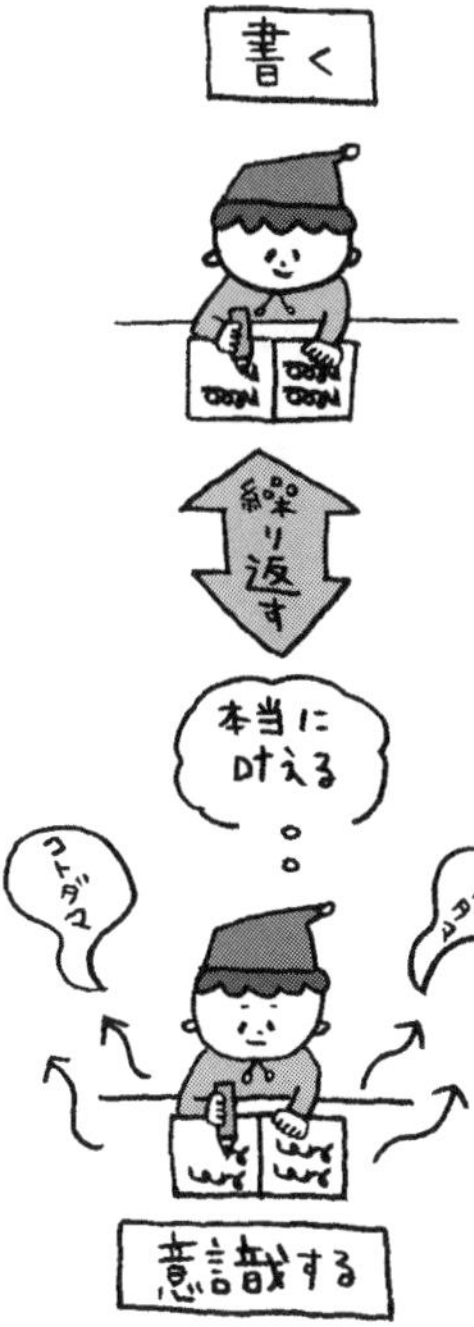

練習

書いたら「意識的に」意識してみよう

書いた内容を意識しながら、やってみましょう。

❶今一番叶えたい願いをシンプルに紙に書き出してみてください。
（例）素敵なパートナーと出会って結婚する
本当にやりたい仕事で生きていく

❷その文を書いた後、「私はこれを本当に叶えるんだ」と声に出すか脳内でつぶやいてみます。

❸「今私は、本心からの願いを叶えることにフォーカスできたんだな」と思ってみてください。これだけです。

私の声を聴きながら
やりたい方は、
こちらからファイルを
ダウンロードしてください

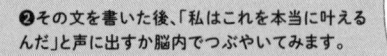

第2章はこれで終了です。最後に、自分のエネルギー状態を最高にするワークをご紹介するので、これもぜひやってみてください。

※1ブレイクスルー

行き詰まっていた状況が打開すること。

※2クオンタムジャンプ（量子跳躍）

あるエネルギー状態から、別の状態に一気に（短時間に）跳躍的に飛躍すること。物理学で電子がある量子状態から別の状態に変化するところから、目の前の現実が一気に（あっという間に）大きく変化していくことを例えて使ったりする。

ワーク

自分のエネルギー状態を最高にするワーク

次の章では「言葉に魂を宿す」方法を紹介しますが、その前に、自分のエネルギーを高める方法をお伝えします。紙に書くときだけでなく、普段から「叶え力」を高めて過ごせていると、とてもいいですよね。

では、どんなときに自分が一番エネルギーを発している（叶える力が高まっている）のでしょう？

それは、気持ちにも体にも余分な力が入らず自分らしくいられているときなのです。こういうときこそ、最大の引き寄せパワーを創造することができます。

人はどんなときでも最大限のパワーを発揮できるわけではありません。**不必要なエネルギーストレスがかかっていない状態を創り出せることが大切**なのです（意識を変えることでそれはだんだんできるようになります）。

「私が自分らしくいるってどんなときだろう？」と、自分に問いかけて出てきた答

私の声を聴きながら
やりたい方は、
こちらからファイルを
ダウンロードしてください

えを書き出してみましょう。

そして日常の中でこういう時間を積極的に増やそうと意識しつつ、実際にこういう時間ができたときは、「今私は自分らしくいられている」と脳内で意識的につぶやいてみましょう。「エネルギー最大の状態だな」でもいいです。そうやって意識**的に意識することで、あなたの叶える力（エネルギー量）がアップします。**

■あなたが一番「自分らしくいる」状態とは、どんなときの状態ですか？

書き出してみてください。

（例）人に好きなことを伝えているとき（セミナーや講座）、好きな本を読んでいるとき、楽しい企画を考えているとき、大好きなコーヒーをゆったり飲んでいるとき、好きな人とおしゃべりして過ごしているとき

第2章

MACOの言葉

MACOTOBA

宇宙とは波動でしかコンタクトがとれない。
波動(エネルギー)基準でものを見てみよう

願い事に遠慮は不要。
願いを叶えることは、自分に与えられた生を
きちんと全うするということだから

自分らしい=素のまま、力が入っていない。
満ち足りる、心地よい=最高の引き寄せ力発揮

体を大事にとっておかない!
使えば使うほど体は喜び
循環するエネルギーが増えていく

どんどん受け入れる=どんどん進化する。
受容は最強の進化メソッド

第3章

魂の宿らない波動では願い事は叶わない本物のコトダマを使いこなそう

ここでは魂の乗った言葉、すなわち
コトダマ（言霊）について解説します。
想いを込めた言葉もコトダマなら
クセになっている言葉もコトダマなのです。

本物のコトダマでしか叶わない

この章では「本物のコトダマを使って叶えていきましょう」という提案をしていきます。タイトルにあるように**「本物のコトダマ（言霊）」を使えるようになると、使う言葉にエネルギーが乗り、その発展的で豊かな波動が、速やかに願いを叶えるサポートをしてくれるようになります。**

ではさっそく「本物のコトダマとは何か？」というところへ話を進めますね。

まず最初に、言霊（ことだま）の定義です。日本では古代から「言葉には霊的なパワーがあり魂が宿る」と言われてきましたが、それが言霊です。字にそのまま表れていますよね。

しかし、誰のどんな言葉にも魂が宿るというわけではありません。**使い手の意識によって魂が宿らない場合もある**のです。

文字そのもの自体（言葉）が、コトダマというのではありません。

魂が宿るような波動で（私たちが）使って初めて本当のコトダマが宿るのです。

魂が宿った言葉がコトダマなのだから、魂を宿らせないとなりません。

魂とは言い換えると命。

命とは、あなたのエネルギーを生み出す元の元と言えます。言葉に吹き込まれた命の波動を、本物のコトダマ（言霊）と言うのです。

波動で書く・波動で話す。それがコトダマ

とすると、私たちは普段「命を宿らせないまま言葉を使っている」こともあるわけで、そこを「意識し直して」言葉に魂を宿らせていかなければならないのです。

これは具体的には「波動で書いて、波動でしゃべる」ということです。今まで何度も書いていますが、宇宙には私たちの願い（意図）は「波動」で伝わっていきます。言葉そのものが届くというより、言葉がまとった波動が宇宙に届くのです（ここは最重要ポイント！）。

言葉をどんな波動で書くか？　どんな波動でしゃべるか？　これがそのままコトダマのパワーになるのです。

つまり**「本物のコトダマ」を宿すためには、「私はこれから、こうなりたい！」と生き生きと、何かを意図したときの私たちの（意識の）波動が、言葉に乗らなければならない**のです。

言葉の「波動」が現実を創る

続けます。生き生きとした波動や「こうなるぞ！」というすがすがしいエネルギーで書いたり話した言葉が本物のコトダマだと説明しましたが、**その言葉がまとった波動が現実を創っていくように、引き寄せは発動**します。

魂が注ぎ込まれていない言葉をどれだけ繰り返していても、効果は薄いか、まったくないかのどちらかでしょう。あなたが使う言葉がエネルギー的に生きていないと、コトダマは発動しないのです。どこかに「受け取ってはいけない」「私ごときが」「それほどでも」というような縮小に向かうエネルギーがあると、言葉に魂が吹き込まれないのです。

だから、**「それは難しい」というネガティブな感情が出てきてやまないときは、「今はそう感じているのだな」と冷静に自分の感情を客観視して眺め、「もうそれは選ばないよ」と決め直しをしていきましょう。**

陰と陽、ネガティブとポジティブはセットですので、残念ですがなくなることはありません。生きていれば誰だって何かしらネガティブな感情が湧いてくることはあるでしょう。

でもその都度大騒ぎせず、「あー出てきたな、まただな（笑）」くらいの客観視対応が少しずつできるようになると、不思議ですがネガが湧いても、スルーッと抜けてまた「よし、こうしよう！」という生き生きとした波動が早く復活するようになってきます。

補足ですが、ネガティブな感情が出てきたときに「自分はダメだ」というような言葉になってしまっても、それを客観視している分には問題ありません（悪い影響はありません）。

しかし、「私ってダメですよね」とどこかに向かってベクトル（矢印、行き先）ができてしまった場合は、それがエネルギーになって飛んでいくので、宇宙へのオーダーになったりしてしまいます。なので、

ネガティブは矢印の向きに注意

と覚えておいてください。

自分で自分の感情を客観視している場合は、どこにも投げていないわけですし、優しく真上に取り出して手のひらに包んで見ているくらいのイメージで扱ってあげてくださいね。

ちゃんとしたコトダマを繰り返す

繰り返したことは強化されます。次の章から皆さんにも本格的に実践してもらいますが、アファメーションの繰り返しも、本物のコトダマをつくるのに効果があると言えます。

ただしこのとき、「どんなアファメーションになっているか？」の検証はとても大事です。つま

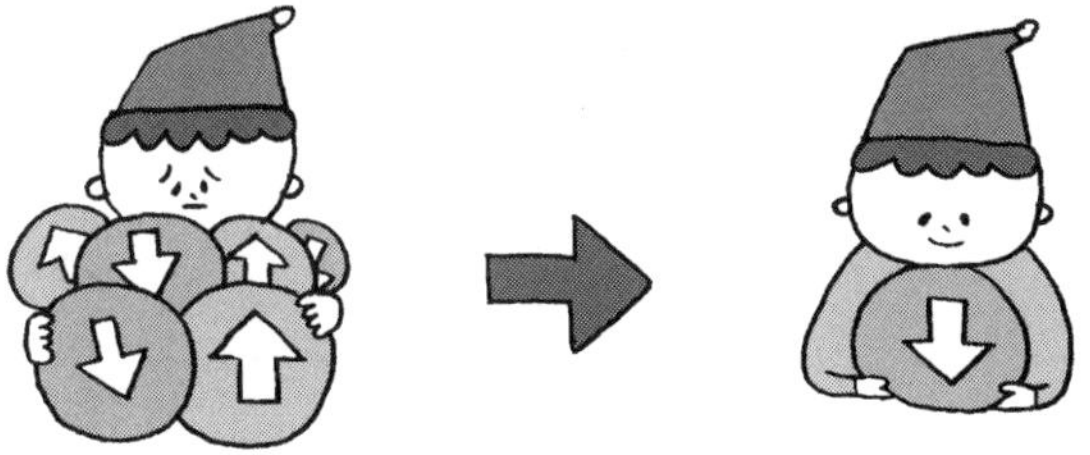

ネガティブな感情を客観視する

り「ちゃんとしたコトダマを繰り返しているか?」という検証です。
ちゃんとしたコトダマとは、その波動になったコトダマ、「そうなるよ!」という意識エネルギーが乗った言葉のことです。

アファメーションの目的は、
古い思い込みを新しいものに変えること
です。別の言い方をすると、潜在意識に届けて書き換えるということですが、ただ回数をつぶやいているだけでは、その効果は効率よく得られません。ただつぶやくこと自体が目的になってしまっては、アファメーションをしている意味がなくなってしまうのです。

意識を向けるのは、「回数をこなすこと」や「つぶやくこと」ではなく、
どんなエネルギー状態でそれをつぶやいているか、それのみです。
すがすがしく「そうなる!」と意識してつぶやくことで、コトダマになるのです。

たとえば、「寂しい」といつも思っている人がアファメーションをつぶやくと、その「寂しい」という波動に同調してつぶやいているので、「寂しい」という波動でコトダマをつぶやいていることになります。こういった状態でやり続けると「寂しい」というエネルギーを自分の周りに集めてしまい、「寂しい」現実が創造されてしまうのです。

自分のログセになっている言葉には案外、意識のエネルギーが強く乗っています。しかし普段まったく無意識でやっているので、本人は気づいていません。ここが盲点なのですね。

日々何気なく使っている言葉こそ力を持ってしまう

ここまで書くと、

口にした言葉は形はなくとも波動はある

ということがわかっていただけたのではないかと思います。そして、その波動が現実創造に影響を与えるということも。
さて、ここからが本題です。
あなたは普段、どんな言葉を使うクセがありますか？

自分に対して言っている独り言も、もちろん現実創造に影響を与えます。人と話すときによく使う言葉なども、ほとんど無意識に口にしているにもかかわらず、好ましくない状態を維持し続けることに一役買っている場合があるかもしれません。

たとえば、
「〇〇って難しいよねー」という言葉の波動（その作用を強くしてしまう波動）
「いつも忙しい！」という言葉の波動（その状態を維持してしまう波動）
「もう〇歳だから〇〇」という言葉の波動（制限をかけてしまう波動）

そこに意識が向いているため、その波動を言葉がしっかりまとってしまうのです。
このように、

無意識の言葉の波動はとても怖い

のです。意識せずとも口からポンポン出てくるわけですから、それこそ毎日その意識のパワーを強化しているようなものなのです。

そして、無意識に使っているこれらの口グセに宿った波動は、やがて宇宙への願い事のオーダー（レストランでのメニューオーダーのように）として届いてしまうのです。

「だから、こういった言葉を使うのは今日からすぐ一切やめてください」とは言いません。**MACO流のコトダマ活用法は「即刻一切使うのをやめましょう」ではなくて、まず内側から湧いてきた感情はその言葉のまま、認めてあげます（先に書いた客観視です）。**

「あー、いつも『困ってる』って言っている私がいるな。今、そういう感情を持っているんだな。これを優しく受け入れてから次のステージにスムーズに変えていこう」という感じです。

いずれにしても、言葉というツールは自分の意識がしっかり乗っかってしまうので、皆さんが考えている以上に、丁寧に扱わなくてはならないものなのです。

練習

無意識に使っている言葉を受容してみよう

思いつくままに、書いてみてください。

❶普段あなたがよく言ってしまうネガティブなログセを書いてみてください。

❷これらのログセを手のひらに包んで見るように「こういうログセがあるのだなー」と客観視してみてください。

❸自分の中で「それを使ってきたことを『ヨシ』と受け入れる」と受容し、「今までご苦労さま。もう十分使ってきたので、そのクセは手放します」と言って意識を切り替えていきます。

私の声を聴きながら
やりたい方は、
こちらからファイルを
ダウンロードしてください

心を感じるだけでなく、体を感じてみよう

心というのはたくさん嘘をつくし、ごまかしたりもします。「嫌だな」と思っていても人前では「大丈夫」と言えてしまったりします。

でも心と反対の偽りの言葉を書いたり、話したりしたとき、体の感覚に注意してみると、おそらく「ギュッ」と萎縮するというか、内側に閉じるようにエネルギーが縮むのがわかりませんか？

これは、

言葉で本心を語らないと体が抵抗感を示す

ということなのですね。

本当は辛いのに「大丈夫です」と笑っていたら涙が出てきたとか、言いたいことがあるのに言わないで我慢したら胃が痛くなってきたとか、こういった体の反応は「本物のコトダマ」ではなく「嘘のコトダマ」を使ったために体が示した抵抗反応

なのです。体が「本心は、そうじゃないよね」と本当は優しく教えてくれているわけですが、それが体の反応を通じて伝えてくれるんですね。

本心を偽ることはクセになりやすく、それが引き寄せ力を下げるサビになることは言うまでもありません。そのためにも、

体が嫌がる言葉を使わない

のが一番なのですが、社会生活を営んでいると、そうせざるを得ない場面も多々あることでしょう。なので、体の感覚を大事にしながら、もし「(本心と) ずれたな」と感じたときは体に「お疲れさま、ありがとう」と言ってみたり、不調を感じたところに触れてみながら「愛してるよ」と言ってみるのもいいですよ。

願い事をスルスルと叶えていく人は、心だけではなくて体の感覚をとても大事にしています。そして体の存在を絶対にないがしろにしません。体にも (細胞レベルで) コトダマのエネルギーは届きます。愛を持って自分の体と対話してみてくださいね。

ワーク

言葉に意識を乗せる本物のコトダマワーク

生き生きとした波動や「こうなるぞ！」というすがすがしいエネルギーで書いたり話した言葉が本物のコトダマだと説明しましたが、「言葉に意識を乗せる」方法が、まだわかりづらいという方は次のことを意識的にやってみてください。ポイントは一つ一つ丁寧に、流れ作業でやらないこと、深い呼吸を入れながらゆっくり取り組むこと、それだけです。

私の声を聴きながらやりたい方は、こちらからファイルをダウンロードしてください

❶ あなたが今、本心から叶えたい願い事を、真心を込めて紙に書いてみてください。

❷ **書いた文を見ながら「私はこれを本当に叶えるぞ！」と脳内でつぶやいて（口に出すのも、もちろんいいです）、さらにこれが叶った世界で生きているというところに意識を集中させてください**（「そうなった私で生きる」と宣言してもいいです）。

これだけです。気になったり、ふと感覚が来たときにやっていきます（書くのは1回でOK）。とにかく「意識し直す」ということを繰り返すだけでいいのです。

ノートや手帳でやる場合も同じで、願いを書いたページを時々眺めて、「私これを叶えるんだなー」と、また叶えるところに意識を向けて脳内でつぶやきます。

その際、一瞬そこで時が止まるような感覚を味わってください。時間を一瞬の点で捉えるようなイメージです。「あー今、私叶えるって意識してるなー」と客観的に見ていられたら、もうそれでOK。

これはよくあるご質問なのですが、「ワークができたかできていないか？」の検証は不要です。そこには意識が向かないようにしてください。「ワークを真剣にやっている＝もうちゃんとできている」なのです。

第3章

MACOの言葉

MACOTOBA

「どんなエネルギーで
その言葉を使おうとしている?」と
自分に聞いてみよう

ちゃんとしたコトダマを繰り返す!
コトダマ=波動。
寂しいというエネルギーで言葉を使うから
寂しいをかき集めてしまう!

無意識で口から出る言葉に一番注意。
概念はログセになって出てくる

体は常に正直。
迷ったときは体の反応や感覚を感じてみると
本心の声がわかる

第4章

本物の
アファメーションを
書いて幸せを
引き寄せよう

ここでは、あなたの脳を変える言葉
アファメーションについて解説します。
今まで学んだことをもう一度振り返り
ここで実践していきましょう。

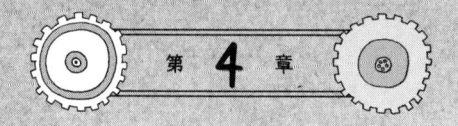

アファメーションとは？

ポジティブだったりネガティブだったりという皆さんのセルフイメージは、脳内の自己対話からつくられます。自己対話とは、自分が普段自分に語りかけている声のことですが、人はだいたい一日に5万〜10万くらいの脳内おしゃべりをしています。つまり、自分に語りかけるたびに「語りかけたことが、脳細胞に記憶される」という現象が起きているわけです。

重要でないものは長期的な記憶とならず消えていきますが、

自己否定的な語りかけは記憶されやすく
セルフイメージに影響を与えてしまう

ことになります。

こういったことを変えていく方法の一つが、アファメーションになります。

この章からは、実際に皆さんにこのアファメーションを書いていただき、脳に肯定的なセルフイメージをつくり上げ、引き寄せ力を高めていただきます。

私は昔、アファメーションのつくり方を学んだことがありますが、そのときは長い文章を作成して、ひたすらブツブツ唱えるものでした。しかし、長いアファメーションを暗記するのは大変だし、面倒だし、脳内でつぶやいていても時間がかかります。また、いつの間にかつぶやくことが目的になってしまい、本来の目的（波動をまとったコトダマをつぶやく）から逸れてしまいます。これでは本末転倒です。

そこで、**紙に書くアファメーションは短くて簡潔なものでOK。人の視覚認知機能から考えてもパッと見て、一瞬で3Dのように目に飛び込んでくるくらい簡**

単で、インパクトのあるアファメーションがMACO式ではオススメです。

それと一番大事なポイントですが、やはり、

言葉に波動を宿すこと

本物のコトダマを使う

ことです。

「言葉で表現した世界の波動に同調するぞ！」と気持ちを合わせていって、書いたりつぶやいたりしましょう。

まず許可の言葉から紙に書こう！

それでは実際に、アファメーションを書いていただきます。まず最初に書いていただくのは「許可の言葉」です。

「遠慮なく受け取っていい」

と大きく書いてください。116ページの練習帖ではこのことだけを書きます。

何度も言っていますが、**「私は欲しいものを受け取っていいのだ」という意識を脳に徹底的に刷り込む**のです。自分が望んでいることなのですでにエネルギーは動いていますから、その言葉を見るたび、脳内でつぶやいたり、音にするたびに脳の書き換えの効果は必ず高まっていきます。心配しないでくださいね。

細かい設定を書いていく前に、この許可文は一番最初に書いておいてください。

何を許可したいのか　自分の心に聞いてみよう！

あなたの人生において許可したらいいことはたくさんある、まだまだある！　それをどんどん書き出していきましょう。

そのためには「問いかけ」が必要です。自分の心にちゃんと聞いてみるのです。出てきた答えを素直に（繰り返しますが素直もとても大事なこと）書いていきましょう。心が受け取り許可を下ろしてほしいと思うことをもれなく全部、紙に書き出してください。

ただし、その際、

語尾は必ず「～していい」に統一してください。もう全部これにしてください。これが一番シンプルでわかりやすいのです。「脳に届ける情報はシンプルに」がＭＡＣＯ式です。

許可を下ろす文は「箇条書き」がオススメ

許可を下ろす文章は、

「箇条書き」で「短め」が私のオススメです！

自分でいろいろアレンジして、つぶやきやすいリズムや「読んだとき（脳内でつぶやいたとき）のテンポが楽しいな！」と感じる文章を考えてみましょう。

そういうことを考えるのは、とてもワクワクするものです。そして、自分が生き

生きしてくると、願い事が叶うスピードも加速していくのです。

たとえば、

・**大切な人に目いっぱい愛されていい**（恋愛）
・**通帳の残高がどんどん増えていい**（お金・物）
・**職場で大きな成果を上げていい**（仕事・人間関係）
・**150歳まで元気で若々しいまま生きていい**（人生全般）

といった感じで書きます。

「～していい」は「～してヨシ！」とアレンジしてもいいですね。

「ヨシ！」のほうが好きな読者の方も多く、毎日つぶやいていますというお声もブログに届いていました。「ブレない私になってヨシ！」、こんな感じです。感覚的に「こっちが好き！」という方は「ヨシ！」にしてみてください。好きなほうを使うほうがもちろん効果が上がります。

そして、**しばらくの間は日々のワークとして、まず最初にこの「許可下ろしの**

文」から先に視覚に入れるようにします。声に出して読んでもとてもいいです。

願い事そのものを書いた文章が一番先ではなく、**許可した文を見るほうが先**です（許可をするから受け取れるのです）。

さっそく117〜118ページに書いてみましょう。

コトダマを使って願い事を書いてみよう！

十分に許可を下ろしたら、いよいよ願い事を書いてみましょう。

受け取り許可を下ろす場合の書き方は語尾を

「許可（〜していい）」にしましたが、語尾を
「〜になる！」や「〜になった」と変える
と、願い事を引き寄せる設定に変更できます。ちょっと例を挙げると、

- **自分史上最高のパートナーと結婚していい（許可）**
- **自分史上最高のパートナーと結婚する！（引き寄せ設定）**
- **大好きな人に宇宙規模で愛されていい（許可）**
- **大好きな人に宇宙規模で愛される自分になる！（引き寄せ設定）**

といった感じになります。

つぶやくときは「そうなる」とか「そうなった」と思ってつぶやくことがポイント。ここも「そうなっているか？」という検証をするのではなく「そうなった！」とただ意識してつぶやけば波動は合わせられているので心配は無用です。

願い事別に、本物のコトダマにするためのコツと、アファメーションの例を挙げますので、これらを参考にして117〜118ページで書いた許可を119〜120ページで願い事に変えてみましょう。

【恋愛・結婚】

（コツ）

この世界は波動の法則で動いているので、自分の波動に合ったパートナーとしかつながりません。**相手がどうではなく、自分のエネルギーを上げることだけを考えてください。**

（例）

大切な人に目いっぱい愛されていい→大切な人に目いっぱい愛されるようになる！

【お金・物】

（コツ）

お金のエネルギー循環は「出す・入る」がセットです。お金が入ることだけを喜んで、出す（使う、支払う）ことを嫌がっていると、エネルギー循環のバランスが崩れます。つまり、払うべきところに出し渋ると、支払った後、再び巡ってこなくなるのです。

しかし、むやみに出せば（使えば）いいというものではありません。**「使っていい機会を見極めてから惜しみなく出す」ということが、「出したら入る」の本来の意味です。**

愛を持って自分にご褒美をたまに与える喜びの使い方はもちろん素晴らしいですし、税金など決まった支払いなどは特に「素晴らしい宇宙貢献」をしていることを忘れず、ぜひ「出す、支払う」を役割貢献として「私は素晴らしいことをしている！」と自分の中でしっかり意識に定義づけてください。

（例）

通帳の残高がどんどん増えていい→通帳の残高がどんどん増えるようになる！

【仕事・人間関係】

（コツ）

・仕事 **「やりたい」と感じることは、それがあなたの天職であったり、そのときに任された宇宙的な役割**なのです。つまり、これは宇宙からの「やりなさい」というサインです。

・人間関係　**他者から見た自分は、本当の自分ではないことを意識**してください。断るときも受け取るときも「真心」と「誠意」を大切にして、コミュニケーションをとれば、自分の意識はぶれません。「相手もヨシ、自分もヨシ」と双方の価値観を認め合ってください。

（例）

職場で大きな成果を上げていい↓職場で大きな成果が上がるようになる！

【人生全般】

（コツ）

人生の良しあしを測る正確な尺度はありません。**世の中の常識や世間に惑わされる必要はありません。**

（例）

１５０歳まで元気で若々しいまま生きていい↓１５０歳まで元気で若々しいまま生きられるようになる！

詳細な設定を追加してみよう！

アファメーションは、

①許可下ろしの文（大きなものと項目ごとのもの）

←

②願い事そのものの文（「〜になる！」などの引き寄せ設定）

の順で行いますが、**恋愛や結婚を設定したい人や、新しい仕事（職場）を引き寄せたい人は、「こんな人」「こんな職場」という条件（設定）の書き出しを③として、この後に箇条書きで書いてもいいですね。**

たとえば、恋愛のパートナー設定で言うと「こんな人がいい」という願いが、必ずあるはずなんです。「人生のパートナーになるであろう人を言葉にしたらこうなった」という感じで楽しみながら121ページに書いてみてください。

（例）

①許可下ろし　大切な人に目いっぱい愛されていい

② 引き寄せ設定　大切な人に目いっぱい愛されるようになる！

③ 詳細設定　笑顔が可愛い優しい人に目いっぱい愛されるようになる！

と、出てくるだけ全部書くことをオススメします。

それと簡単に脳が覚えられるように、

自分らしい言葉や表現を選ぶ

のがコツです。私たちの脳は、文章を書いたり読んだりするとき、必ず脳内で映像を描きます（意識的にイメージしてみるというよりは、その状況がパッと瞬間的に思い浮かぶ感じです）。この脳の機能により、より具体的な「欲しいもの」が意識に刷り込まれ、現実創造しやすくなるのです。

ショートカットがお似合いなあの娘にすっごいモテモテになっちゃう！
○

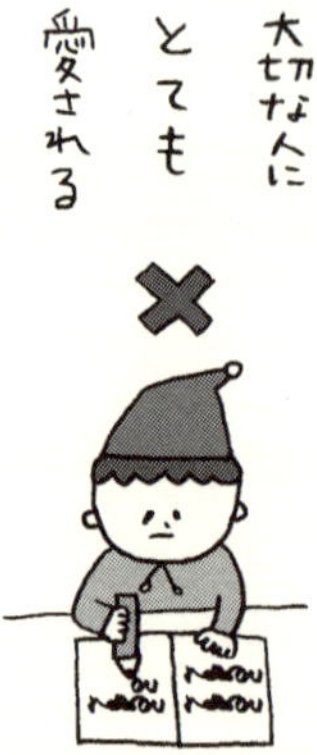
大切な人にとても愛される
×

理由や根拠がないのが最強！

「アファメーションは、宇宙に届けるメッセージ。おかしな言葉を使ったら、叶うものも叶わなくなる」なんて思っているとしたら、とんだ大間違いです。

理由なし・根拠なしの言葉は大歓迎。

どんどん使っていきましょう！

なぜなら、**書いていてなんだか笑えてくるような言い回し**（これだけで喜びのエネルギーで使うことになります）**や、「なんやこれ、意味わからん（笑）」というような感覚で使える言葉は、私たちの心の抵抗**（マインドブロック）**を取り払い、願い事を叶えやすくしてくれる**からです。

私のお気に入りは、「どうやら」です。これは、私のクライアントさんとの会話から拝借したものなのですが、あるとき、彼女の旦那さんが何かにすごく腹を立てていたんだそうです。いったい旦那さんは、何にそんなに怒っていたのか？　よくよく聞いてみると、彼女とゆっくり過ごす時間がなくて、プリプリしていたようなのです。そして彼女、こう続けたのです。

「ＭＡＣＯさん、どうやら私、彼にとても愛されていたようです」って(笑)。何がどうやらですが、すごくいいなと。すっかり気に入ってしまった私も、それからというもの、この「どうやら」を事あるごとに使わせていただいているのです(笑)。

たとえば、

・私「どうやら」お金がたくさん入るみたいだ

どういう理由で入るのか？　その根拠はないけど、書いていて楽しくなりますね。この「ウフフ」と笑える感じの波動が、まさに喜びの波動。喜びエネルギーでできている、大いなる宇宙にガチッと合い、しっかり届く波動なのです。

ちょっと調子に乗って連発。

・私「どうやら」素敵な彼ができそうだ！

・私「どうやら」もうすぐ結婚するようだ！

口に出しただけでプッとふき出すけど、心の感覚がとても軽くなります（これは自分の波動、エネルギーが軽くなるということ）。単に「彼氏ができる」と書いて願うより、よっぽど楽しいですよね。

何度も言いますが「どうやら」にまったく根拠はありませんから「なんだかわからないけど来ることになってるのー」という感じで書くと、簡単に楽しくあなたのエネルギーが拡大していきます。

これ以外にも「どっちにしても（叶う）」とか「どう転んでも（叶う）」とか「なぜか最後には（叶う）」とか「何でか理由はないけど（叶う）」「わけわからないけど（叶う）」とか（笑）。皆さんがフフフと軽やかに微笑んで気分が楽しくなれる言葉を使って、122〜123ページにアファメーションを書いてみてください。**ポイントは根拠がなくても叶う雰囲気を文に出すこと。**これも軽やかな波動をまとう、いいやり方なのです。

書くことを行動につなぐ

願いや夢、目標を書いていると「だったらこんなことができるかな？」というアイデアが湧いてきたり、「書いていて気分が良くなったから今日はこんなふうに過ごしてみよう」という気持ちになってくると思います。

大事なことは、

あなたの意識が行動につながっていくこと。

行動を起こせば、願い事を叶えるために必要な人の縁ができたり、必要なお金の巡りが起きてくるのです。

受け取り許可を高めていくうちに、皆さんは必ず「私はもう私の願いを諦めないし、諦めきれない」という意識状態になるはずです。これはもはや執着ではありません。生き生きとすがすがしく願ったものを「創造する」「できる」という自分への信頼が育っている証拠なのです。

ちょっと前まで口にしていた「私なんかが……」という言葉も、もはや出なくなっているか、以前と比べると登場回数がうんと減っているはずです。

あなたがしたいことは、宇宙があなたにしてもらいたいこと。具体的には、体験です。

あなたの願いも、体験しながら叶っていくのです。

だから冒頭でお伝えしたように、ま**ず個人個人がもっと幸せになる、楽しんで喜びで生きることを、自分に許可をして行動すればいい**のです。

行動をどんどんする人に、当然のことですが宇宙は優先的にエネルギーを流すのです。

練習帖

ここで書くことは、書いた後に脳内でつぶやいたり、声に出してみてください。また、同じことをノートや手帳などに書いてもかまいません。繰り返し読み書きすることが大事なのではありません。一回一回を「今よりもっと幸せになる」という意識でやることが重要になります。

私の声を聴きながら
やりたい方は、
こちらからファイルを
ダウンロードしてください

練習帖 1-1 最初の許可

「遠慮なく受け取っていい」と書きましょう。

練習帖 1-2

許可下ろし

語尾を「～していい」もしくは「～してヨシ！」に統一して、心が受け取り許可を下ろしてほしいと思うことを、箇条書きで短めにして、もれなく書き出してください。

恋愛・結婚

お金・物

人生全般

仕事・人間関係

練習帖

2

引き寄せ設定

練習帖1－2で書いた許可下ろしの文の中から、好きなものを選び、語尾を「～になる！」もしくは「～になった」に変えて、書きましょう。

恋愛・結婚

お金・物

人生全般

仕事・人間関係

練習帖

3

詳細設定

練習帖2の「恋愛・結婚」「仕事・人間関係」で書いた引き寄せ設定の文の中から、好きなものを選び、詳細設定を加え、もれなく書き出しましょう。

恋愛・結婚

仕事・人間関係

練習帖

4

根拠なし設定

「お金・物」「人生全般」については練習帖2で書いた引き寄せ設定の文の中から、「恋愛・結婚」「仕事・人間関係」については練習帖3で書いた詳細設定の文の中から、好きなものを選び、自分らしい言葉や表現にして、書き直しましょう。

恋愛・結婚

お金・物

人生全般

仕事・人間関係

ワーク

ネガティブを消し去るワーク

私の声を聴きながら
やりたい方は、
こちらからファイルを
ダウンロードしてください

自己実現していく途中で「どうしても今日はネガティブな気持ちが消えない！」という日もあるでしょう。そんなときにさらっと受け入れて、さらっと流せるワークをご紹介します。

これは読者の方からブログにお寄せいただいた方法なのですが「ネガを水に流す」ワークと呼んでいます。「ネガティブエネルギーが一気に流れていくのでスカッとした気分になれる」というお声が多いワークです。

❶

過去のうまくいかなかったことが思い浮かび、どうしても願いが叶うと思えない、受け取れる気がしないときに、モヤモヤしたこの感情を「そう思ってもヨシ」と認める。

それでよし！

❷ 自分の目の前にトイレの（流す）レバーを想像して、そのレバーを引いてネガティブな考えがジャーッと流れていく場面をイメージしてみる。

これは「水に流す」というワークなので、自分がお風呂に入っていてそのお湯にネガティブを流して栓を抜いてしまうイメージでもできますし、洗濯機の中に入れて回して流してしまうイメージでもいいでしょう。水道の水に流してもいいですね。いろいろバリエーションがつくれそうです。

コツは「一緒に音をつけてイメージをする」ということ。視覚だけでなく聴覚も使ってみる、さらには体感覚も使います。ワークは五感を使うほうが圧倒的に効果が高まります。簡単にできるのでぜひやってみてください。

第4章

MACOの言葉

MACOTOBA

願い事を書いたりつぶやいたりする前に、
まず徹底的に許可下ろしに徹しよう

どんなことも体験を通して叶っていく。
行動につなげたくなるコトダマを使う!

ワークは五感を使うと効果が高くなる

コトダマアファメーションは、短く簡潔、
すぐ書けて、覚えて、つぶやけるものに。
根拠なく楽しさが増す表現を足すなど、
自分でいろいろアレンジして!

第5章

「書いて叶える！」
にまつわる
Q＆A

ここでは、受け取り許可について
皆さんからよくいただく
質問についてお答えしています。
わからないことは、ここで解決してください。

01

パソコンで書いてもいいの？

願いを叶えていくとき、「願った後はやはり行動がとても大事」と先に述べました。行動というのは要するに「体を使う」ということですよね。何かしらの行動を起こしていくことでエネルギーはますます大きく循環しパワーを増していきます。

願い事を書くときはしっかり体を使ってください。

ぜひ手（直筆）で書きましょう！

ＰＣやスマホがこれだけ一般化してくると、手で書くという作業もだんだん減っているとは思いますが、それでもパソコン入力より手書きで！

実はこれ、よくいただくご質問なのです。同じような質問で「設定はパソコンで書いてプリントアウトしてもいいですか？」といったものもあります。もちろん、絶対にパソコン書きがダメなわけでも、それが悪いというわけでもないので、最初にそれをお伝えしておいた上で、ＭＡＣＯ流では「手書き」をオシております。

先に述べたように体を使って書くことになりますし、願いを叶えていくときに、

すべて基準はエネルギーベースで考えたほうがいい

という理由があるからです。エネルギーベースで考えるとはどういうことかというと、エネルギーが込められているかどうか、を最重要視点にするということです。

私たち人間の体というのはとても精巧で複雑にできています。脳もそうです。「書く」という作業一つ取っても、「手だけがやっている」ということではありません。目で見て（これも映して見ているというより脳が情報を解析しているということ）、手でペンを持って、意識を手元（ノートや手帳）に集中させてエネルギーを注ぎ、書いているぞ、という手の感覚があって（触覚）……と、非常にたくさんのシステム系を使っています。目で見た情報は経路を経て脳で処理されています。単なる手元の作業にとどまってはいないのです。

だからこそ手書きなのです。エネルギーを込めやすい書き方が手書きなのです。手で書くことも、もちろん楽しんでやる！が第一原則。手帳やノートに書きながら「今私、超強力エネルギーを注入してるぞ」くらいの意識になっていましょう！

否定語を使うほうが意味がわかりやすいときもありますが使わないほうがいいのでしょうか？

これは潜在意識レベルのお話ですね。そうです、潜在意識は否定語を理解できないと言います。例を挙げてみると「私は失敗しない人になりたい」と言ったとき、潜在意識は「～しない」を理解しないと言われていますので「失敗」だけが潜在意識に残り、それが叶うというもの。だから「否定語は使わないほうがいい」とされています。この見解について私は、

わざわざ否定形で言わなくていいがケースバイケース

だと思っています。右記の「失敗しない」もそうですが「成功する」と言えばいいし、「意地悪しない友達が欲しい」とか「試験に落ちない！」などとわざわざ否定形を使う必要がないものは、もちろん使わないほうがいいですね（これも「試験に受かる！」でいいのです）。

しかし例外として、以前ご相談があったケースなのですが、どうしてもタバコの

煙が苦手という方が「タバコを吸わない人と出会いたいし結婚したい」と設定されていたのです。「否定語を使わないで、これをどう表現していいかわかりません」というご質問でした。

確かにその通りですね。「タバコを吸わない人」というのがご自身にとってズバリな表現なのに、これを「健康的な人」と、ガラッと言い換えてしまうと、なんだかぼんやりしてきて意味合いがずれてくるし、厳密に言うと「タバコが苦手なだけで別にすごく健康的な人がいいってわけではないんですよね」になってしまうことも。

この方のすごいなと思った視点が、「だいたい『タバコを吸わない人が健康的なのだ』というのも決めつけが強いのでは？」というご感想でした。そして、「本当に私はただ『タバコを吸わない人がいい』というだけなのです（笑）」とおっしゃっていました。目のつけどころがすごいです！　まさに最新の引き寄せ視点です（笑）。

この鋭いご指摘、本当にごもっともで、今のような価値観も生き方も多様化の時代になって「タバコ＝不健康なもの」と言い切ってしまうのも固定観念の一つでしょう。これまでに浸透してきたもののイメージが強いのかもしれませんが「吸いすぎになれば確かにそれは不健康でしょう」ということなので。

こういったケースのように**否定語を使わないようにしたために、自分の言いたいことから遠のいたり、意味が変化してしまうような場合は「〜しない」という表現になっても、思い浮かんだそのままの文で書いてみてください。**

しかし、ぴったりの別の肯定的な言葉があるにもかかわらず、わざわざ否定語にするというのは先に書いたようにオススメはできません。ちょっと前までなら一刀両断的に「これはなし！」とされてきたことも、「よくよく考えてみるとそれって固定観念ではないか？　人によって感じ方は違うのだし」というところに行き着くことがありますよね。人の価値観、概念が多様化している今、

潜在意識へのアプローチも最新版にアップデートしたらいいよ

というのが私からのアドバイスです。何より、自分の心の感覚に合わせることが第一。その心の感覚を使って感じ、ぜひ言葉の使い分けを！　他人の例えがあてにならない場合も出てくるはずです。

03 書いた言葉や文章は、どれくらい繰り返し見るようにしたらいいの？

量や頻度に基準はありません。**何回でも見たいときに見たらいいですし、忙しくてしばらく見られなかったとしても、どちらも効果は変わりません。**

大事なことは手帳などに書いてから、「自分のしたいことに集中しているかどうか」「感じたことを行動しているかどうか」です。

書いたものが手帳ならば、スケジュールの確認をしたり、必要な書き込みをする、ときに、「こんなことを設定してるのよね」と脳内で読み直せるといいですね。「私はこれを叶えて今よりもっと楽しく幸せになる」という意識で読んだり、つぶやいたりしましょう。繰り返す量（頻度）よりも、

どれだけのエネルギーを込めて
それをやるか

という質のほうが大事です。見直すことがタスクになってしまうのは逆効果。「エネルギーを込めてできるとき」のみやってください。

04

書く際の「最強の意識の使い方」があれば教えてください

これはズバリ、

「私は神である」と思って書く

ことです（そう思うと神様に同調できているよということです）。

神様って万物の創造主ですよね。何もないところから物理的次元を創り出したのが、神だと言われていますから、私たちもその神になってしまって願いを書けば、意識の使い方としては最強です。少々怪しい感じがしますか？（笑）

でも、試しにやってみるとその効果に驚くかもしれませんよ。私自身は実際、手帳やノートに向かって書き出しをするときは「我、神である」くらいの気持ちで書いていますが、そういう意識で書いたらやはり叶うのが早かったり、必ず叶うのです。試す余地はあると思います。この世界を創った神様も創造主ですが、

私たちだって自分の世界の創造主ですから

言ってみれば小さい神様

ですね。

そして、「神が紙に書いている」（ダジャレではありませんが……）という言葉は音だけ聞くと「かみが、かみに書いている」だから、「神が神に書いている」にもなりますよね!?

神様が叶えてくれる、神に向かって書いている、という意識にすればさらにパワフルなエネルギーが注がれていくかもしれません。

波動が宇宙に届く、波動で書くのが本当に書くということ、というお話を先にしていますが、神の波動になった私たちは最強です。

ぜひ、願いを書くときだけではなく、受け取り許可の言葉や、来てほしいパートーナー像の箇条書きの書き出しなどでも**「神が叶える」という意識でペンを持ってみてください**ね。

潜在意識は一人称と言いますが書き方に注意点はありますか？

潜在意識は、

「あなた」とか「私」とか「彼」とか「誰か」とかいう主語の区別がつけられず、すべて「私（一人称）」で捉える

と言われています。

ということは、もし職場に嫌いな人がいて、「嫌いだ」という自分の正直な感情を認めるところで止まらず（感情受容はしたほうがいいのです）、「あの人は嫌いだから仕事で失敗してしまえー」と、ベクトルを相手に向けてしまったり、「転勤していなくなれー」と

相手に向かってエネルギー（意識を向ける）を送り続けていると、そこが力を持つ

ので「なぜか自分が転勤になった」なんてことになるかもしれません（嫌いな人と結果的に離れられるわけですが）。要するに潜在意識から見ると、「自分で自分に失敗

しろー」とか「転勤しろー」と言っているかもしれないのです。

「あの人が苦手」などの感情は誰にでもあるものです。「誰のことも無理して好きになりましょう！」なんてことは言いません。「嫌い」は「嫌い」で認めていいのです。ですが、望まない現実が自分に向かってしまっては困ります。

そこで、しっかりその「嫌い」の感情を認めて（あってもいいと肯定して）から、思考修正（深く関わらないと決め直すなど）をします。**感情を認める作業というのは「浮かして溶かす（取る）」作業なのです。決して相手に「投げつける」作業ではありません。**ですが、誤解が生じやすく、理解が難しいところではあるでしょう。引き寄せ的に言うと、この潜在意識の一人称は、次のように使ってほしいのです。

- **誰かの願いを聞いたら、応援してあげると、あなたも宇宙に応援されます**
- **あなたが誰かを真心からサポートしようとすれば、あなたもどこかからサポートされる現実を引き寄せます**
- **あなたが誰かのことを「幸せになってね」と祈ると、あなたも幸せになってしまいます**

といった感じです。潜在意識の一人称は使い方次第でこうも変わるのです。

06 人に自分の願いを言ってしまっても大丈夫？言わないほうがいい？

「ワクワクして人に話したい！」という人もいらっしゃると思います。人に聞いてもらうと、とても嬉しいという方も。

話してはいけない、ということは一切ありませんが、
話す人を選んだほうがいい

というのを、私はよくセミナーなどでもお伝えしています。

自分の大切な夢や願いなので、好ましくないと感じる人に伝えることはあまりないかもしれませんが、聞いた途端「それって実際、難しそう……」とか「えー、それは無理じゃないのー」などと、人の話の腰を折る人もいます。

こういう人たちをドリームキラーと呼びますが、**自分のワクワクした願いを聞いてもらうのには、適した相手とは言えません。** そして、実は家族がドリームキラーになることも案外多いもの。これは私の体験ですが、独立起業しようと思って「今の仕事を辞めようと思う」と母に話したところ、当時大変な騒ぎになりました（苦笑)。「そんな不安定な仕事、うまくいくわけがない!」といきなり猛反対。シングルマザーでしたから確かに親の気持ちもわかりました。しかし、ワクワクどころの話ではなくなりましたので、誰に話すかは大事だと悟った瞬間でした。

今パートナーがいらっしゃる方は、ぜひ聞いてもらうといいですね。自分のことを大切に思ってくれている人は、エネルギー的に強い応援者になります。「叶うといいね」という意識を相手から送ってもらうことでパートナーから「叶うお手伝い」をしてもらうことになり、その方の意識も手伝ってさらにエネルギーが拡大しますからどんどん話してみたらいいでしょう。いつも支えてくれる親友などに話すのもいいでしょう。

もし、あなたが立場が変わって、**「人の願い事を聞く側」になったときは、ぜひ「この人はこれからこの願いを叶えていくのね!」という想いで聞いてあげてください**ね。そういう意識を使うことで、あなたは大事な友達やパートナーの願望成就を後押ししていることになります。まさにすばらしい宇宙貢献の一つの例になりますね。人のことを素直に応援すれば、もちろんあなたも同時に上がっていく。これが宇宙の法則です。

私は大好きなミュージシャンがいて その人の歌の歌詞を手帳に書いていますが、ネガティブな歌詞が多いのです。これは影響ありますか？

歌の歌詞にまつわる、とても面白いご質問です。確かに疑問に思いますよね。

パートナーを引き寄せしたい人がもし「失恋の歌詞」の歌が好きで、それをカーステでよく流していたり、手帳やノートに歌詞を書いたり、好きなフレーズを書いたりしていて、「失恋を引き寄せないかしら？」なんて思うことはあるでしょう。

好きな歌の歌詞はすぐ覚えてしまいますしね。何度も繰り返すから不安になるかと思いますが、結論から言うと、

影響はありません。

歌の歌詞ですから、そもそもあなたの願い事の設定ではありません。何度も書いた歌詞を見たり、読んだり、歌って繰り返していたとしても、

意識の波動が自分の人生と同調していない限り、大丈夫

なのです。

もしもですが、その世界にどっぷりハマりすぎる傾向があって、「私も失恋したらどうしよう」と思考してしまうほどならちょっと修正したほうがいいですが。

好きなミュージシャン、好きな歌、好きな歌詞、というのは枕詞に全部「好き」が入っています。ということは、好き、がベースだから悪い影響はありません。**文のアタマにどんな言葉がくるかを見ていただければ、不安にならずにすみますね**。

他人を変えたいという設定を書いていいでしょうか？

「人を直接コントロールする」ということだけが、私たちがこの三次元で許されていないことなのかもしれません。極端な例ですが、もしあなたに好きな人がいて、「私を好きになってほしいから惚れさせちゃおう！」と、まるでドラ○もんの道具の話みたいなことができてしまうとしたら、それってあなたも誰かに同じことをされる可能性があるということです。非常に怖いですね……。

しかし、宇宙さんはそれだけは私たちに許していません。だから、この人を私の思う通りに、ということは願っても叶いませんし、願い方がちょっと違う、とも言えます。

願い事はあくまで
「私がどうなる」の形で設定するもの
です。

「あの人がこうなりますように」というのは時に呪いにまでなってしまいます。

他者をコントロールしたい！と思うとき、それは純粋な魂からの願いではなく、エゴから出た願いです。こういう願いは、穴二つ……になる可能性が高いです。

たとえば恋愛で、仮に今、振り向いてほしい人がいるとしたら「彼が私を好きになってくれますように」という気持ちが湧くのはまったく問題ないのです。「あー私、彼に好きになってほしいんだなー」と感じ尽くして大丈夫。しかし「彼がなんとしても私を好きになってくれますように」とか「今の彼女と別れてこっちに来ますように」というふうになってくると、ただのエゴになってしまうので、こういうときは「彼にこっちを向いてほしい！」の気持ちは感情受容して、否定せず受け入れ、その後は「どう転んでも、私は自分が一番好きになった人とお付き合いする」と変換して書いてみてください。

これだと特定の人のコントロールにはなりません。もし好きな人があなたの魂の相手なら、その彼が、やがてやって来ますし、もし別の人がやって来ても、

そのときあなたは必ず
その人のことを大好きになっている

でしょう。

09 書いたノートや手帳はいつも持ち歩いたほうがいい？

これは、どちらでもいいでしょう。

「手帳は仕事にいるから」といった理由でいつもカバンに入っている人も多いのではないでしょうか。また「いろいろ設定を書いているから、家でしか見ない」という方もいらっしゃるでしょう。

ですが、体から離して机にしまっておいたからといって、

叶うエネルギーが減ったり、
叶わなくなったりはしません

から安心してください（笑）。

家に置いている人は時々出して読み直したり、「こんなこと設定してるんだなー」と思い出してみたり、ランダムに手帳やノートに接して叶った波動にチューニングしていると感じてみてくださいね。

いずれにしても、持ち運びをするときは管理は大事ですのでなくさないように。

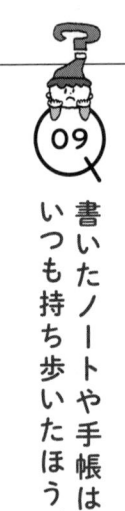

10 どんな環境下で書いたら叶いやすいというのはありますか？

これも特に決まった場所はありません。ですが、エネルギーの良い空間（気が良い空間）で書くことで叶いやすくなります。場所や空間にも波動がありますから、

一定の時間じーっと手帳やノートに向かえる空間であること

は大切です。

なので、自分の部屋をパワースポットにして、そこで書いてみるのはいかがでしょう。居心地がよく、リラックスできるような空間にするのです。視覚的には自分の好きなアイテムを置き、居心地のよい空間にすることが重要です。もし香りが好きな方でしたら、アロマを焚いたりしてもいいですね。

もう一つ加えると、部屋はある程度綺麗にしたほうがいいですね。服や小物類が散らかっていると、それを視覚で捉える私たちの脳内（意識）も散らかりやすいので、ある程度きちんと整理整頓しておくことはいいことです。

おわりに～着地点が大事な在り方の時代

ここまでお読みくださり、ありがとうございました。

いよいよ一人一人が、パラレルをしっかり、はっきり選択して生き始める「新時代」へ突入しました。まだ外の世界が混沌として見えていても、心配しすぎないで。ネガティブになってもあなたのコトダマで不安を受け入れ、起きてくる現実の選択と軌道修正をしていきましょう。

「不安だけど、大丈夫」「なんだかんだあっても、大丈夫」、これらもMACOTOBAの中で紹介しました。目の前に今何があっても、途中何が起きても、外に何が見えていても、着地点はいつも「大丈夫」です。私たちが自分の世界（人生）を意図する言葉を使うときは、この着地点（ゴール設定）のみが重要です。文法で言うと述語の部分ですね。「どうなる」「どうする」「どうである」、これらだけを重要視していてください。不安だとか、心配だとかいう言葉が湧いてきたら、さらっと受け入れて流していってください。不安があっても大丈夫だと設定したのなら最後、ゴールは大丈夫なのです。

自分の世界の創造主は、自分以外にいません。私たちには、もともと相当な自己実現力（底力）があります。今、多くの人がその真実を思い出しつつあるようです。そして、自分のこの底力を思い出した人たちが、その波動意識で日々生きることを当たり前にしていくことで、願ったこと、叶えたいことはどんどん実現します。今は風の時代（＝五次元意識時代）の本番だからこそ、現象化もますますスピードアップしていきます。

「〇〇すれば叶う」的な自己実現メソッドは、新型コロナが起きる前の制限が多かった土の時代にも、世にたくさんありました。コトダマやアファメーションも、昔からあるものですよね。ですが、同じコトダマ、アファメーションであっても、これからは使い方や叶い方が以前とは異なってきます。叶うルール（法則性）が土の時代とは真逆くらいに変わったからです。やり方ではなく在り方というエネルギーで現実をどんどん創っていくようになるのです。

「やり方にこだわって」願いを叶えようとすると、時間がやたらとかかったり、スムーズに動いていかないことが増えたな、と感じている人もすでにいらっしゃるでしょう。やり方（方法論）重視ではなく、在り方（出しているエネルギー）のほうが重要なので、あなた自身が普段から当たり前に送り出している言葉の波動がどうなのか？　あなた自身の波動（エネルギー）がどうなのか？　ここが願ったことの現象化に強く影響します。どんなツールも、それを「どんなエネルギーで使っているのか？」が大事なのですね。

言葉も、この言葉を使ったら叶いやすい、のではなく、あなたの意識の在り方、「そう思って」使う言葉のエネルギーが願いを叶えていくのです。あなたの「これを体験するんだ！」という意識のエネルギーを「そう思って」しっかり言葉に乗せてください。その次はきちんと行動に結びつけ、叶う現実をますます喜びに満ちたものにしていってほしいと思います。

そしていつもあなたの本心（真心）から出た言葉を使ってください。その愛の言葉を、愛の波動で使い、たくさんの体験をしていってください。人の人生は仮に誰もが150年くらいは当たり前に生きるようになったとしても、ものすごく長くはありません。あれもこれも体験してみたい！という「欲張りさんの魂」が今の時代をわざわざ選んで地球に生まれています。そうです、私たちがその欲張りさんなのです笑。喜び、楽しみの体験はもちろん、どんな自分もすべて認めて受け入れる、本当の自愛の体験も含めて、この世界の陰陽をたくさん味わい尽くして、今回の人間人生をまっとうしてください。

MACO

テーマ別受け取り許可を高める MACOTOBA例文集

受け取り許可を高める文章とアファメーションの例文をまとめました。書いてつぶやくときは「そうなる」とか「そうなった」と意識することがポイントです。「そうなった」とただ思ってつぶやけば、波動は合わせられているので心配は無用です。

例文

1 恋愛・結婚・パートナーシップの受け取り許可

- 私はもっともっと恋愛で幸せになっていい
- 空間から突然彼氏（素敵なパートナー）が出てきていい

（これはアレンジできます。空間からお金が、空間から新しい車がｅｔｃ）

- 今までのご褒美みたいな彼と出会って、今までのご褒美みたいな恋愛をしていい
- 宇宙さんのご褒美みたいな彼（彼女）と結婚していい
- 今まで辛かったことがチャラになるくらい幸せになっていい
- 今まで結婚しないでよかったと思える人と出会っていい
- 宇宙さんに素敵な人を紹介されていい
- 過去もすべてＯＫにしていい
- 大切な人に目いっぱい愛されていい
- 遠慮しないで愛を受け取れる私になっていい
- 好きな人、パートナーにお姫様扱いされていい
- 毎日笑って結婚生活を過ごしていい
- 安心感いっぱいでお付き合いできる人と出会っていい
- 理想以上の彼氏（彼女）ができていい
- 出会いは突然起こっていい
- 恋愛パワーを宇宙からじゃんじゃん受け取っていい

- 素敵なプロポーズを引き寄せていい
- 自分史上最高のパートナーと結婚していい
- パズルのピースがぴったりハマったみたいな人と出会っていい
- 夫も子供も新居もいっぺんに引き寄せていい
- 人生生まれ変わったと思うくらいの人と出会っていい
- 小さな幸せを喜び合えるようなパートナーと出会っていい
- 私の魅力をたくさん見つけてくれるパートナーと恋愛していい
- 宇宙メンタルな彼氏と尋常じゃないくらいの幸せな結婚をしていい
- 大好きなパートナーに宇宙規模で愛されていい
- 何があっても、どう転んでも幸せな恋愛結婚をしていい
- 私の概念を覆すような素敵な結婚をしていい
- ドラマや映画のような恋愛をしていい
- 年下（年上）の理想以上の彼（彼女）ができていい
- 「なんだか幸せ」と感じられる恋愛を引き寄せていい
- 宇宙さんと同じくらい優しい彼が現れていい

例文

2 お金や物の巡りの受け取り許可

- 私はもっともっともらっていい
- 空間から突然お金が出てきていい
- 通帳の残高は自由に変わっていい（増えていい）
- 私は欲しいものを欲しい形でもらっていい
- おいしいものをたくさん食べていい
- 素敵な洋服をたくさん着ていい
- もっともっとお金に恵まれていい
- 好きな仕事でお金を循環させていい
- しないでいいお金の苦労はしなくていい
- 行動した分、受け取っていい
- 出す（支払い）ことを喜べる自分になっていい
- お金に対する執着をポンと外していい

例文

3

仕事・良好な人間関係の受け取り許可

- 私はもっともっと仕事で幸せになっていい
- 空間から突然楽しい転職先が出てきていい
- 突然社長になっていい
- 毎日疲れて頑張りすぎなくていい
- 自分の好きや才能を見いだしてくれる職場に出合っていい
- 人間関係が良い職場に恵まれていい
- 心地よい人間関係に恵まれていい
- 解決できなかったこともヨシとしていい
- 遠慮しないで報酬を受け取れる私になっていい
- 好きな仕事でお金をもっともっと循環させていい
- 仕事もプライベートも好きな人に囲まれて生きていい
- サポートしてくれる仲間がそばにいていい

- 仕事場でも毎日大笑いして過ごしていい
- しないでいい苦労はしなくていい
- 宇宙規模で自分を自由に表現していい
- 人のために、私だからできる仕事をしていい
- 定時で帰れていい
- 取りたいときに有休が取れていい
- 自分の経験や実績を生かす仕事で十分なお給料をもらっていい
- もっと休みがあっていい
- 心地よい先輩・後輩・同期に恵まれていい
- 職場の期待に応えすぎる自分から、もう卒業していい
- 仕事とプライベート、どちらも大事にできるライフスタイルを創造していい
- 自分の仕事を応援してくれるパートナーを引き寄せていい（↓恋愛結婚と合わせて設定できます）
- 困ったとき「ヘルプ！」と言える自分になっていい

例文

4 受け取り許可と引き寄せ力を一気に高めるアファメーション

- いるだけ星人バンザイ！（自分の存在価値を認める）
- 私に起きることは最高以上、理想以上、奇跡以上、想像以上、設定以上、頭の計算以上、過去の記憶データ以上
- 私には多くの人を幸せに導ける力がある
- 私が幸せになることは宇宙全体の繁栄につながる。生きているだけで宇宙貢献
- 私は本当の自分を生きるぞ
- （夜寝るとき）すべてのエネルギーを宇宙に返します（エネルギーの中立フルパワー化）
- （朝起きたとき）今日も真新しい（リニューアルした）私でスタートします
- 私には受け取る力がある
- たくさんの固定観念これまでありがとう、感謝して卒業します

自分軸で新しい時代を生きるための MACOTOBA メッセージ

自分らしい人生を創造したいあなたへ私が送るメッセージです。

- 夢だけではいけないが、そもそも夢がないと人は何のエネルギーも起こせない
- 夢を持つことは最高に素晴らしい
- 方法論にこだわりすぎると、方法論を超越した現実は受け取れない
- うまくいかないと思ったときほど、原点に戻ってみよ
- 自分と向き合うという素晴らしい孤独を楽しめると世界は変わる
- それは嘘（心の偽り）から出た言葉か、あなたの真（本心）から出た言葉か

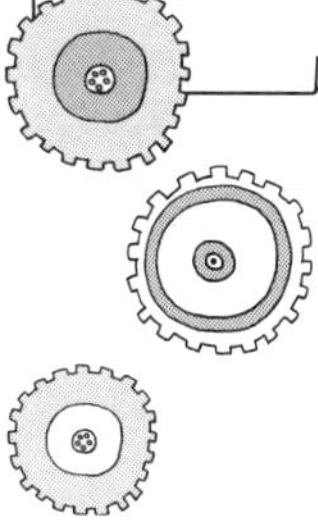

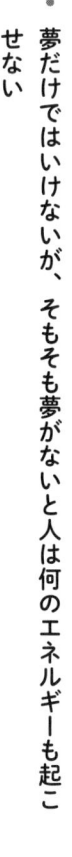

・エネルギーは誰かからもらうものではなく、自分の内から出すもの
・どんな叶え方でも主役はあなた。ノートや手帳はあくまでパワーを拡大させるツール
・嫌なものは嫌、としっかり決めることも周波数を選ぶという行動
・人生におけるあらゆる目標達成のコツはテクニックじゃない、あなたの意志
・まず、なんでもすぐ人に聞くクセから抜けよ
・人にかまってエネルギーを無駄に浪費するより、自分にとことんかまおう！
・今それを感じているなら「今がそれをやるときだよ」というサイン
・これまでは自分を生きてきたのではなく概念を生きてきただけ。不要概念を捨てると世界は一気に変わる
・感情を嫌がって呼吸を止めるから苦しくなる。嫌がらず吸ってあげると受け入れられて自然とまた吐いて、流れていく
・自分のエネルギーが変わっておかないと、来る現実も変わらない

- 自分はこの世界に存在しているのだ、とわかるためにはどうしても体が必要
- 流される、じゃなくて、流れに乗る
- 願い事を叶えるのがゴールじゃない、自分が本当に幸せを感じて生きられるようになることが最終ゴール
- 三次元はすべて後から「なぜそうなのか」がわかるシステム
- 文字も頭で読むのではなく、体で感じながら読む
- 内なる神を呼び起こすつもりで真剣に紙（神）に書く
- 言葉は心の周波数と一緒になったときに相手に伝わっていく
- 意図したことは「叶ってしまう」と決めておく
- 自分以外の意見は参考にはなるが、決定打にはならない
- 命を吹き込むと言葉は生きて動くようになる
- すべての終わりは、すべての始まり
- 意識と念力は別物。意識を目いっぱい使って生きること
- いつも一番を選ぶことを体に染み込ませる

風の時代に使ってほしい

MACOTOBA 五次元意識時代バージョン

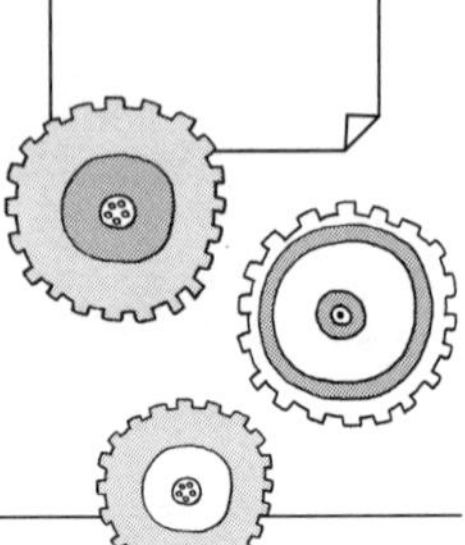

新型コロナが起きた２０２０年を大きな境に、地球・宇宙全体のエネルギーが急速に進化・変化し始めました。この変化を西洋占星術の世界では風の時代、そして精神世界の言葉ではアセンションとも呼びます。この時期は、人の意識がより制限を外した高みの体験をしていくほうにシフトしていくので、今までの三次元的地球レベルの体験を超える、という意味で私は「五次元意識時代」と呼んでいます。ですので、ここでの解説も「五次元」という言葉や「五次元意識」という言葉で説明をしていきます。

制限的で「べき」「ねば」が多かった三次元意識世界から、今は本当の自分をデ

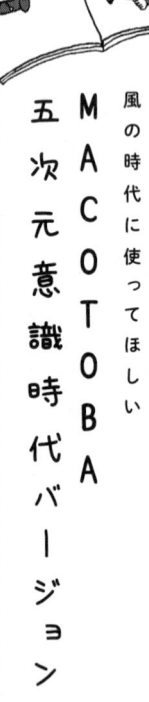

フォルトに生きる五次元意識世界へシフトしつつあります。それはどうやって知ることができるかというと、わかりやすいものの一つが社会に起きている現象です。人々の意識が変容し始め、これまで当たり前だと思って信じて疑わなかった無意識レベルでの認識や価値観について、常識とされてきたものが壊れ、まったく新しい形に再生していきます。そしてそのスピードもまだ加速し続けています。「解体→再生・統合」といったことが、ものすごい勢いで行われているのです。

また、個人の尊厳を無視して力で人やものをコントロールすることもできなくなりつつあります。壊れるべき闇にはおのずと光が当たって外に見えてくることになり、やがて崩壊して再生していくのです。

こういった流れの中で、私たち個人の「想い」のパワーがますます増していることを体感している人は多いことでしょう。本心をごまかさず、素直な自分で生きたい、我慢をしながら生き延びるようなサバイバルな意識から抜け出して、魂の設定を体験していきたい、地球に生まれた本来の意図に沿って生きよう、そんな本来あるべき姿に戻りつつある人が増えています。

「そう思うと」そうなる。
「そう口にすると」そうなる。

この体感がある方も多いのではないでしょうか。実際私たちの想いや言葉には「意識のエネルギー」が入り込みます。想いや言葉はただ発しているのではなく、「エネルギーとともに使っている」のです。

意識と言葉を変えていきましょう。想いの現象化のスピードアップ、新しい時代に合わないものの解体と新しい形への生まれ変わりのサイクルは今後も止まらず続きます。恐れることなく、自分の素直な想いを「認めて受け入れ」、それを使う言葉にエネルギーとして乗せていくだけで、世界はどんどん愛だらけに変わっていきます。

今不足しているものを埋める意識から使う言葉ではなく、自分を認めて受け入れるという自愛からスタートし、小さな幸せを積み重ねて増やしていくような意識と言葉で、あなたの未来の設定をしてみてください。

●余る！

これをつぶやくだけでいろいろなものが「余り」だします。「何が余るか」は考えなくていいです。「余る余る」とつぶやいているうちに、お金も時間もゆとりができたり、最近元気だなと思うくらい体力が余りだしたり、自分の心に余裕やゆったりした感覚を感じたりなど、物理的にも心理的にも余る現象を創造します。

●愛だらけの世界で生きる

これはご自身の宣言として使ってもいいと思います。社会で生きているといかにして嫌なことを避けるか、嫌な人がいない場所にいられるか、など「逃げること・避けること」を意識して行動を取ろうとしがちです。が、それだと恐れから取る行動になるので、むしろその恐れが現実化しやすくなります。いっそ自分の世界を「愛だらけ」とシンプルに言葉で定義してみませんか。

●優しい世界で生きる

「愛だらけ〜」の別バージョンです。どちらでも心地良いと感じるほうを使ってみてください。とてもシンプルな表現ですが、社会で生きていると「愛がないな」とか「優しくないな」という人や出来事に遭遇することがあると思います。そんなとき、「私が悪いのかしら?」「私の出している波動が引き寄せているのかしら?」などと心当たりもないのに、まず「自分がいけない」と思うクセがあったらここで同時に手放しましょう。「優しくないな」という世界を見たり聞いたりしたときは、「私はこれから優しい世界で生きます」「優しい世界に存在します」と、これからどの世界線を選ぶかを再度設定する応援のサインだと思ってくださいね。

● **(学びは終えたので)次のステージに移行します**

なかなか変わらないネガティブな現象がある場合、宇宙にこう宣言してみてください。「私はもう、この出来事から必要なことを学んだので大丈夫です!」という意識をしながら「気づきを得たので次のステージに進みます!」と、つぶやきます。ノートや手帳に書くのもおすすめです。一度終えた学びは(戻ると意識しない限り)二度とやってきません。

愛をもって○○を卒業します

もう体験したくないと思っているのに、同じようなネガティブな感情を感じる出来事が繰り返されているというとき、このように宣言してみましょう。ポイントは「愛をもって」の部分です。「嫌だから終わりにしたいの！」という意識だと、またその「嫌だ」の波動から嫌なことを引き寄せてしまうので、「もうこの体験は堪能しました。十分に味わったので、愛をもって（嫌がらず）終了させます」と自分の過去を否定せず終わりを宣言しましょう。

何かが終わるときはステージが上がるとき

エネルギーの法則上、壊れたままで終わってしまうことはありません。古い形が一つ壊れたら、必ず新しい何かで再生します。そして、再生するときは自分の体験のステージも上がるのです。「壊れると現実は進化する」と覚えておいてください（この言葉もよかったら使ってみてください）。自分軸でしっかりと生きたいという設定がある方におすすめです。

●向こうからやってくる

風の時代では、自分に合わないこと、自分の心が泣いて嫌がるほど苦手なことを自分に無理強いしないで。必要なご縁は向こうからやってくる、くらいのゆるい設定で大丈夫です。ただ、何もしなくてもいいというのではなく、自分に合った行動、一日を充実して楽しく生きる行動をコツコツやっていると、必要なご縁が向こうからやってきます。楽しいことや時間を忘れて集中できることはどんどんやる！そのエネルギーが引き寄せるのです。

●道は突然できる

アレンジバージョンとして「事は突然起きる」もおすすめ。私はこれまで出した書籍でも「時間はつながっていないと認識しておいてください」とお伝えしています。瞬間瞬間に意識を変えれば、つながる世界は変わります。すると、それまでまったく見えていなかった道が突然現れるようなことも普通にあります。そういう意識を普段から使えるかどうか、だけです。この言葉を使ってくださった読者様から突然パートナーに出会ったとか、やりたい仕事に就くことができたなど、たくさんのご報告をいただいております。私自身、最愛のパートナーと出会ったときも「道が突然できたかのように」向こうからやってきました。先に紹介したMACOTOBAと併せて使ってみてくださいね。

●予想もしないところから巡ってくる

風の時代は意識の拡大をさせていくことが自己実現の大切なポイントになります。エネルギーは「巡り」だと常々書籍の中で書いてきているのですが、たとえばお金だと「渡した相手から何か戻ってくることが巡りだ」という解釈になっている人が多いようです。しかしこれは、とても制限的な考え方。自分が出した相手と違うところから、いろんな場所や人を介して豊かさを分け与えながら自分のところにも戻ってくるのです。Aさんという人に見返りではなく真の愛から何かをしてあげたとき、Aさんが感謝してエネルギーをリターンしてくれることもありますが、もしそれがなくても、タイムラグを経て、まったく縁もゆかりもないところからあなたのところに愛のエネルギーがいろんな形で戻ってきます。これが「出したものが返る」という宇宙の普遍の法則です。風の時代は「予想もしないところからくるよ」ということを覚えておきましょう。

●遊び、時々仕事

日本の社会は忙しいと私は常々感じてきました。それは自分自身が家庭、子育て、仕事とたくさんの草鞋を履いて、てんてこ舞いになって生きることが人生であり、それができる人が素晴らしい人間なのだと信じてきたからなのですが、それでも「人生いつも忙しくて大変、これはおかしい！」という本心の声を無視できませんでした。だから今こうして「無理、無茶をベースに生きないで」と皆さんにお伝えしています。社畜という言葉が流行する世の中なんてもう終わりでいい時代です。頑張りすぎる人ほど、まず言葉での設定は「遊びが大半」くらいの意識を練習したほうがいいのです。働きすぎて楽しみも考えられない、いつも追われるような生活をしている、という方はこの言葉を紙に書いたり脳内でよくつぶやいてみてください。いい塩梅のライフバランスに変化させていきましょう。

歯磨きみたいに自愛ができる私になる

自愛という言葉に馴染みがない人もいらっしゃるでしょう。自愛とは読んだままの意味、自分を愛するということですが、「自分が好き好き！」というよりは「どんな自分も（自分の闇の部分も含めて）受け入れます」という無償の愛のことです。自愛の理想は無意識レベルになっていること。朝の歯磨きは誰もが当たり前にやっています。「歯を磨かないと！」と毎朝覚醒した意識で自分を追い立てている人はまずいないでしょう。自愛も意識することなく自然にできていることが理想。なので、この言葉で「自愛が当たり前にできる私」になってください。

私の罪悪感さん、自己否定さん、さようなら

起きた出来事や体験した過去はひっくり返せないとわかっていても、「あのときこうしていたら」と後悔したり、そのときの自分をまだ許せず罪悪感にとらわれることがあるかもしれません。しかし、この罪悪感や自己否定は風の時代の新しい地球には持っていけません。今ここで手放しましょう。と言っても「すぐにはできません！」という方はワークの一つとしてこの言葉を使ってみてください。罪悪感や

自己否定を擬人化して使います。「〇〇さん」と人に話すように声をかけることで、ネガティブなエネルギーを手放しやすくする効果があります。このワークを試された多くの方が「優しい気持ちになれた」とおっしゃってくださいます。もうあなたは過去を悔やんだり責めたりする必要はないですし、未来のみを意識して生きていいのです。

●自分が生み出しているエネルギーにフォーカスします

これまで長い間私たちは、「自分の生み出すものの価値を高めなさい」とか「価値を生み出す人間になりなさい」などと教えられてきました。しかし、私たちの真の価値は「生み出しているもの」にはありません。私たちの「存在自体」が価値なのです。それに気づいたら、このようにつぶやいてみてください。あなたから出ているエネルギー（これをいわゆる波動と言います）だけが大切なのです。あなたが自分の存在価値を認めると、それだけで生み出すエネルギーが高まります。

まず自分から、幸せになります

これだけを読むと、今までの時代なら怒られそうな言葉ですね（笑）。「他者を優先に」「自分が犠牲になってでも！」という時代を経てようやくアセンション時代（風の時代）に突入し、自己犠牲を手放すことが第一というくらい重要になっています。全体の幸せのために誰か一人が生き埋めになってる場合じゃないのです。みんなが幸せで豊かでいいのです。多くの方にとって自分が幸せで豊かであることにもっと許可（この本のメインテーマ）を下ろしてほしいです。まだまだその許可は足りていません。なので、まずは自分から幸せになる！くらいの意識でこの言葉を使ってみてくださいね。

自分の感覚はいつも正しい

これからの時代、自分の外側に問いの答えはありません。このことは覚えておきましょう。自分の本心に問いかけて、感覚をしっかり受け取ってから「これってどうなのかな？」と問いを投げるからこそ、外側に内側のエネルギーの投影が起こるのです。自分の内側以外に真実は存在していません。あの人が言うから、世間でこうだから、上司が、同僚が、親が、と「あの人がこうだから」の外側の声を採用している限りあなたの自分軸は定まらず、自分の本当の声もわからないままになります。答えはあなたの中にしかありません。自分の感覚で感じたことが正解です。勇気を持ってそれを選び、行動してフィードバックを受け取っていきましょう。

●これは五次元の◯◯だ

このＭＡＣＯＴＯＢＡはこれから日常でバンバン使ってほしいワードです。何でもとりあえず「五次元の◯◯」を枕詞にするだけで、あなたの目の前のものや状況、人が五次元エネルギーにシフトします。コーヒーを飲むとき、「これは五次元のコーヒーだ」とか「これは五次元のＰＣだ」と意識して使うと、作業中でも宇宙からの素敵なメッセージが入ってきたりします。また、大好きなパートナーと一緒にいるときも「この人は五次元のパートナーだ」と意識して一緒に過ごすと、お相手の五次元的側面（深い愛や与え合う愛）を体験しやすくなります。五次元のことが厳密にわからなくても「今より進化して愛が増えているイメージが五次元だ」とぼんやり捉えていればもうＯＫです。ただ素直に「そうなんだよね」と思って、つぶやいて使ってくださいね。

● 脱・常識で生きる！

これは非常識とは意味が違います。「〇〇するにはこう」「〇〇はこういうもの」「大勢が選んでいるからこれが正しい価値観」など無意識に長く使ってきた常識という制限のうち、自分の中で合わないものは手放していいのです。「やりたい放題」「人のことはどうでもいい」といった非常識だと、これからの五次元意識世界でのテーマ「お互いに受け入れて認め合う」という法則から外れてしまいます。そうではなく、「自分にかけている豊かになれない心の制限になる価値観を手放す」、これが「脱・常識」なのです。

● 五次元世界には本当の自分しか持っていけない

今まで本心を偽って周囲に合わせて胃の痛い思いをしながら理不尽に耐えてきた人は、本当の自分を生きることはすぐにはできないかもしれません。でも、風の時代本番の今からは、嘘や偽りのエネルギーで生きようとするほど現実がうまくいかなくなるので「何かおかしい」と気づき始める人が増えます。他人の圧に合わせてもめ事を避けたり、権力の陰に鳴りを潜めることでおいしい思いをしたり、なんとかやり過ごしてこれた時代はもうエネルギー的に終わっています。嘘を出せば嘘が返るという単純な仕組みに則って世界が動くようになったのです。風の時代から始まる五次元世界には本当の自分しか持っていけません。この言葉でマインドセットして本心を大切に生きる自分になってみてください。いろんなことが楽に叶うようになります。

●不安だけど……大丈夫！

最後の五次元MACOTOBAになります。日常を過ごす中で不安や心配がまったく生じない、ということは今後もありません。今までよりグンと減るとはいえ「ちょっと心配かも」とか「不安だなあ」と思うことは今後もあるでしょう。なぜならネガティブな感情は進化につながる大事なお知らせを含んでいるからです。何に不安になっているのか内観していくと「あ、これか！」と気づく心の声（訴え）がわかって、「じゃあここで手放すと決めたらいいんだね」と、どんどん制限を外していくことができます。「不安だけど……」の思いは着地点をしっかりと意識してコトダマにするといいですよ！　不安があっても自分が何を叶えたいのか？　何を体験したいのか？　このゴールの意識が大切です。「……だけど、大丈夫！」この言葉ですべてを「括《くく》る（＝おさめる）」ようにしてみてください。「本当に言葉通り不安でも大丈夫だった」という体験が次々に起きてくると思います。

最後に特にオススメの
MACOTOBAを
皆さんにお届けします。
こちらからファイルを
ダウンロードしてください

MACO

メンタルコーチ。
自己実現の様々な理論について探求・実践をし続け、これまでに合計3つの大学・大学院を修了。脳科学、NLPコーチング、各種セラピーなど様々なジャンルの知見を深める。ネガティブ思考の強い人でも願いを叶えられる法則を体得し、講演家として全国を回りながら、同時に執筆活動をしている。『ネガティブでも手帳にこう書くと宇宙が願いを叶え出す』(永岡書店)、『ネガティブがあっても引き寄せは叶う!』(大和書房)、『ニューゲートオラクル-エラオブウインド-』(扶桑社)など著書多数。

MACOオフィシャルブログ
https://ameblo.jp/hikiyose-senzaiishiki/

表紙デザイン	小口翔平(tobufune)
ブックデザイン	小口翔平(tobufune)+小田光美
イラスト	matsu
DTP	小田光美
音声編集	高橋英伸(FRITZ)
校正	小出美由規

受け取り許可が低いと感じる人のための
引き寄せコトダマ練習帖～ちいさいず～

発行日　2024年9月12日　初版第1刷発行

著　者	MACO
発行者	秋尾弘史
発行所	株式会社扶桑社
	〒105-8070 東京都港区海岸1-2-20 汐留ビルディング
	03-5843-8843(編集)
	03-5843-8143(メールセンター)
	www.fusosha.co.jp
印刷・製本	中央精版印刷株式会社

 ISBN 978-4-594-09861-2